MOZART

SEIN GENIALES LEBEN

TRISTAN PICHARD

Für Lola, den größten Tintenfisch von allen. Dein Gekitzel wird uns fehlen.

Poulpe Fictions, un département d'Édi8,
92, avenue de France, 75013 Paris

Layout: Manon Bucciarelli
Satz: Ipokamp
Korrektorat: Sandrine Marchand

ISBN 978-2-3774-2016-2

Übersetzung: Holger Möhlmann für writehouse
Satz: writehouse, Köln
Korrektorat: Katrin Höller, writehouse
Coveradaption: Beate Lennartz
Gesamtherstellung: Ullmann Medien GmbH, Rolandsecker Weg 30,
53619 Rheinbreitbach

10 9 8 7 6 5 4 3 2 1

ISBN 978-3-7415-2496-7

www.ullmannmedien.com

MOZART

100% genial

SEIN GENIALES LEBEN

AUS MEINER SICHT

TRISTAN PICHARD

Illustrationen: Julie Staboszevski

ULLMANN

Für Papagena

Für Papageno

Für alle jungen Papagenas

und alle jungen Papagenos:

ein Leben in G-Dur!

Viele der Musikstücke, die in diesem Buch erwähnt werden,

findest du auf unserer Bonusseite!

www.ullmannmedien.com/100-prozent-genial/mozart

Folge UNO

Warum? ... Wieso ...? Wer ist Wolfi?

Musik!

Ich habe „Musik" gesagt! Hey Mattes! Er dreht sich zu mir um. Matteo, mach die Musik an!

Hallo zusammen! Ich bin Esther. Hier ist alles noch etwas durcheinander, aber nun kommt die erste Folge auf unserem Kanal *100% genial* – ein ganz besonderer Beitrag, in dem ich euch erkläre, wie ich auf die bekloppte Idee gekommen bin, euch die Lebensgeschichte meines Lieblingshelden zu erzählen, nämlich die von **Maestro Wolfi!** Des größten, besten und genialsten Komponisten des Universums.

Seit ich seine Musik zum ersten Mal gehört habe, lässt sie mich tanzen, lachen, weinen, und zwar mit dem ganzen Körper, vom Kopf bis zu den großen Zehen.

Um das alles besser zu verstehen, muss ich euch meine Familie vorstellen. Zuerst mal meine Mutter: **Lea**. Vierzig Jahre alt und trägt immer zerrissene Jeans. Noch dazu mit karierten Hemden wie ein Holzfäller. Ich schäme mich nicht für sie, ich vergöttere sie auch dann noch, wenn sie sich komplett lächerlich macht, indem sie mit einer imaginären Gitarre vor dem Wohnzimmerspiegel rumspringt. Sie steht nämlich auf Grunge.

Dann ist da der Freund meiner Mutter: **Bruno**. Er ist ziemlich cool, auch wenn ich mich manchmal frage, warum die beiden eigentlich zusammen sind. Wahrscheinlich weil sie beide so gerne beim Fernsehen Nachos futtern. Ich finde ja, das reicht nicht, um das Ganze eine Beziehung zu nennen, aber egal.

Bruno hat einen langen Bart, den er mit geradezu besessener Sorgfalt pflegt. Ich schwöre euch, er hat immer einen Minikamm dabei. Alle naselang kämmt er sich die Barthaare. Er trägt mit Vorliebe schwarze Rollkragenpullis, liegt auf dem Sofa, hört Musik und ruft verzückt aus: „Die Jazztrompete, ach, ich liebe die Jazztrompete!“ Ich brauche wohl nicht zu sagen, dass es immer, wenn wir in Urlaub fahren, zu heftigem Streit darüber kommt, ob wir im Auto Kurt Cobain oder Miles Davis hören.

Schließlich noch mein großer Bruder **Matteo**, den wir Mattes nennen. Hey Mattes, komm mal vor die Kamera und sag Hallo! Mattes sitzt elf Stunden am Tag vorm PC ... und zwölf in der Nacht. Ich sehe ihn immer nur mit Kopfhörern, ich weiß schon gar nicht mehr, ob er überhaupt zwei Ohren hat. Aber ich hör besser auf, mich über ihn lustig zu machen, denn er hilft mir mit der Technik, und ohne ihn gäbe es diese Sendung gar nicht! Er macht die Bild- und Tonaufnahmen.

Aber vor allem kennt er sich mit dem Schnittprogramm aus, und davon habe ich gar keine Ahnung!

Wie gesagt – er ist für den Schnitt verantwortlich 😉. Mattes hört auch gern Musik. Dabei nickt er rhythmisch mit dem Kopf und sieht mit seinen Kopfhörern aus wie ein Geek. Man könnte meinen, er steht auf Elektro oder R'n'B oder irgendwelche Papua-Gesänge, aber das stimmt nicht …

Erst neulich beim Essen hat Bruno ihn gefragt: „Mattes, was für eine Art Musik hörst du eigentlich?"

Und Mama hat gesagt: „Du könntest die Kopfhörer übrigens beim Essen ruhig mal absetzen."

Mattes: „Okay, ich höre J-Pop. *Kawaii.*“

Bruno: „J?“

Mama: „Pop?“

Ich: „*Kawaii*?“

Nach einigen Erklärungen meines Bruders war uns klar, dass hier eine Entführung durch Aliens vorlag. Sie hatten an seinem Gehirn rumgedoktert, daran bestand kein Zweifel. Denn Kawaii-Pop, das ist auf gut Deutsch

„widerlich süße japanische P♡pmusik.“

Ohne Witz!

Aber damit war die Sache noch lange nicht vorbei. Bruno strich sich mit der Hand über den Bart (das macht er 48 Mal am Tag …) und wandte sich an mich: „Und du, Esther – welche Musik magst du so?“

Und da habe ich gesagt: „Na ja – Wolfi."

Alle machten große Augen.

„Wolfi! Wolfgang Amadeus Mozart. Wolfi eben!"

Noch größere Augen.

„Obwohl sein richtiger Name **Johannes Chrysostomus Wolfgangus Theophilus Mozart** war. Das klingt doch nach was, müsst ihr zugeben!"

Als ich das sagte, fielen die Augen von Mama, Bruno und Mattes endgültig aus ihren Höhlen und mitten ins Püree. Damit war ich gar nicht so unzufrieden, und deshalb setzte ich noch einen drauf:

„Man hat ihn erst nach seinem Tod **Amadeus** genannt, das bedeutet ‚der, der Gott liebt' auf Latein und ist die Übersetzung des griechischen ‚Theophilos'."

Mama: „Aber das ist doch nichts für ein Mädchen in deinem Alter. Du solltest lieber Sachen von heute hören."

Bruno: „Sowas wie Grunge? Ist das etwa Musik von heute?"

Mama: „Ich sag dir mal was: Dein Jazz ist auch nicht mehr so ganz neu!"

Ich merkte, dass da was schief lief, und so fügte ich schnell hinzu: „Man nennt ihn Amadeus, weil er einige seiner Briefe mit Amadé unterschrieb, als er gerade in Frankreich war. Mozart liebte Pseudonyme. Manchmal unterschrieb er mit Gangflow, also Wolfgang rückwärts. Hört sich nach einem Hip-Hop-Sänger an, oder? Er ließ sich auch Trazom nennen – Mozart von hinten nach vorn. Ich finde, das klingt nach Black Metal.“

Darauf sagte niemand etwas. Offenbar verstanden sie nicht, was ich an Wolfi so gut fand. Aber wenn ich ein Concerto von ihm höre, bin ich genauso begeistert wie Mama bei ihrer Musik und sehe mir im Spiegel dabei zu, wie ich auf einem imaginären Instrument spiele. Wenn ich mich auf dem Bett ausstrecke und auf eine Sinfonie konzentriere, rufe ich verzückt aus: „Die Oboen bei Mozart, ich liebe die Oboen bei Mozart!" Und wenn ich im Bus meine Kopfhörer im Ohr habe, nicke ich rhythmisch zu den Klängen einer Ouvertüre. Meine Musik ist schließlich auch nicht schlechter als ihre!

Schließlich war es Bruno, der als Erster wieder etwas sagte: „Du kennst dich ja super aus mit Mozart."

Ich: „Ja klar – ich weiß alles, was man über Wolfi wissen kann!"

Dann sagte Mattes: „Und wenn wir einen Youtube-Channel zu deinem Mozart machen? Ich habe ein neues, geniales Schnittprogramm, das ich testen möchte!"

So kam es dazu, dass ich beschloss, diese Serie auf *100% genial* zu machen – euch zu erzählen, wer Mozart war und weshalb er so unglaublich ist! Oh, ich hab vergessen, euch meinen Kater vorzustellen. Er heißt **Pizzicato** und hat nichts im Kopf als Fressen, Schlafen und so zu haaren, dass Bruno die Krise kriegt, weil man das auf seinen schwarzen Pullis immer so deutlich sieht. Sag mal Hallo zur Kamera, **Pizzicato**!

Das war **Esther**, und wir sehen uns bald wieder bei einer neuen Folge von „100% Wolfi". Bis dahin könnt ihr knurren vor Ärger, herumspringen und vor Ungeduld von einem Fuß auf den anderen treten, aber:

Macht es musikalisch!

Folge DOS

Ein wunderbar wundersames Wunderkind

Willkommen bei „100% Wolfi", der Sendung, in der ihr alles über meinen Lieblingskomponisten erfahrt:

Wolfgang **Amadeus Mozart!**

Wir sind bei uns zu Hause, genauer gesagt im Wohnzimmer, und mein Bruder Mattes ist hinter der Kamera. Ich habe hier ein Mikro, und wir machen jetzt ein kleines Experiment. Hört gut zu.

Ihr hört nichts? Wirklich nichts? Und wenn ich mit dem Mikro hierhin gehe, zum Aquarium?

Da hört man das Gluckern von Brunos Goldfischen: George und Gershwin. Und wenn ich hier zum Fenster gehe, hört man den Lärm von der Straße. Jetzt gehe ich ans andere Ende des Wohnzimmers und ... Okay, da ist die Tür zu Mamas Arbeitszimmer, und was man da ganz leise hört, ist keine Stichsäge, sondern ein Gitarrensolo – denn ohne Musik kann sie nicht arbeiten.

Wie ihr seht, oder besser: wie ihr hört, denkt man oft, dass alles still ist, und dabei ist es das gar nicht. Man ist fast immer von irgendwelchen Geräuschen umgeben, aber man achtet nicht auf sie. Und diese Geräusche verschmelzen miteinander, überlagern sich und bilden eine Art Musik, die uns ständig begleitet. Den meisten Leuten ist das egal, aber Wolfi nicht.

Seit er ganz klein ist, hört Wolfi alles! Und zwar immer! Und er merkt, wie alles miteinander verbunden ist. Für ihn heiraten manche Töne, andere prügeln, lieben oder hassen sich. Sein Vater **Leopold** ist Musiker; er kann ihn und seine Schüler spielen hören. Vor allem aber hört er seiner Schwester **Nannerl** zu, wenn sie auf dem Cembalo übt, und das liebt er.

Ihr richtiger Name war Maria Anna. Ihre Mutter hieß Anna Maria, das konnte man leicht verwechseln. Also nannten sie alle Nannerl.
Stell dir mal die Geburt vor ...
Nach der Geburt von Maria Anna Mozart
Wir sollten ihr vielleicht einen Namen geben.
Gute Idee!
...
...
Wie wär's mit Anna Maria?
Nein! Das bin doch ich!
...
...
Maria Anna?
Super! Das ist mal originell!

Ein Cembalo ist ein Tasteninstrument, bei dem die Saiten gezupft, nicht angeschlagen werden, deshalb klingt es auch mehr wie eine Gitarre als wie ein Klavier. Während der Musikstunden spielt Wolfi mit Bauklötzen und scheint nichts mitzukriegen. Aber seine Ohren sind ganz weit offen!

Sein Vater **Leopold** ist aber nicht nur Cembalo- und Geigenlehrer, sondern auch Hofkomponist. Das heißt, dass er für seinen Chef Colloredo, den Fürsterzbischof von Salzburg, Musikstücke schreibt. Wolfi hört also tagtäglich Musik – morgens, mittags und abends! Er badet geradezu in Musik.

Für uns ist das nichts Besonderes, denn wir sind es gewohnt, ständig Musik zu hören. In Filmen, Computerspielen oder im Fahrstuhl – immer hört man Musik. Das geht so weit, dass man sie manchmal schon nicht mehr wahrnimmt. Egal ob beim Baden oder im Auto, beim Lesen oder beim Laufen, alle hören dabei ihre Lieblingssongs.

Aber zu Mozarts Zeiten war das nicht so. Die meisten Leute hörten nur sonntags Musik, wenn in der Kirche gesungen wurde, und ab und zu mal auf Frühlingsbällen oder beim Karneval. Ansonsten aß, arbeitete oder unterhielt man sich in der Stille!

Ein paar reiche Leute besitzen eigene Musikinstrumente und können Klavier oder Geige spielen, wenn sie wollen. Aber niemand kann mal eben kurz einen Clip starten, während er Hausaufgaben macht oder Kartoffeln schält!

Einige sehr reiche Leute wie etwa Leopolds Boss, der Fürsterzbischof, können sich eigene Musiker leisten, die für sie spielen, wann immer sie es wünschen. Während der Mahlzeiten zum Beispiel. Ist ja auch schöner, beim Klang einer Geige zu essen, als das Schlürfen des Tischnachbarn zu ertragen. Ein bisschen wie bei Mattes, der seine Kopfhörer aufsetzt, wenn Mama mit ihm über sein Zeugnis sprechen will, aber live hat das natürlich viel mehr Klasse! Solche Unterhaltungsstücke, die man auf Italienisch divertimenti nennt, schreibt Mozart schon in seiner Jugend – die ersten im Jahr 1767, also mit elf Jahren! ☺.

Mozart hat also irgendwie auch Glück gehabt. Erstens kann er gut zuhören. Zweitens ist er den ganzen Tag von Musik umgeben. Und drittens lernt unser Wolfi einfach *suuuuuuperschnell.*

Das ist alles.

Das heißt: Er hat natürlich schon ein paar außergewöhnliche Fähigkeiten. Schon mit drei Jahren tritt er eines Tages an Papas Cembalo und klimpert nicht einfach, sondern schlägt mehrere Tasten gleichzeitig an, damit es schön klingt. Er erklärt Leopold, dass er nach Tönen sucht, die sich lieben ... und er schafft es! Und dabei hat er noch nie ein Instrument berührt. Er ist noch in dem Alter, in dem Kinder Mittagsschlaf halten, und manchmal passiert ihm dabei sogar noch ein kleines Malheur, worüber seine Mutter sich ärgert, denn eigentlich müsste er so langsam mal aufhören, ins Bett zu machen. Aber Cembalo spielt er schon wie ein Großer.

Mattes ist 16 und kann nicht halb so gut Klavier spielen. Ins Bett macht er schon ewig nicht mehr.

Wolfi kann stundenlang am Cembalo sitzen und ahmt bald die Melodien nach, die **Nannerl** spielt. Sie ist fünf Jahre älter als er, aber nach kaum einem Jahr spielt er besser als sie! Wolfis Papa kratzt sich an der Nase, am Kopf und am Kinn. Er ist fassungslos. Keiner seiner Schüler hat ein solches Talent, nicht einmal seine Tochter, und dabei ist sie auch ein Wunderkind – aber gegen ihren Bruder hat sie keine Chance. Leopold weiß, was er zu tun hat: Er wird aus seinem Sohn einen großen Musiker machen, den größten Musiker von Salzburg, der Stadt, in der sie leben.

Doch Leopold irrt sich. Aus Wolfi wird nämlich ☆ **der größte Musiker aller Zeiten!** ☆ Das ist zumindest meine Meinung. Aber dass er zu den ganz Großen gehört, darin stimmen alle überein.

Und Leopold legt sich ins Zeug: Nachmittags gibt er seinem Sohn Unterricht. Zwei Eigenschaften führen dazu, dass Mozart so schnell lernt. Erstens hat er das absolute Gehör. Wenn du etwas Rotes siehst, weißt du, dass es rot ist, du brauchst nicht zu überlegen. Und wenn er ein C  oder ein F  hört, weiß er mit derselben Sicherheit, dass es ein C oder ein F ist! Du kannst ihn mitten in der Nacht wecken und ihm irgendeinen Ton auf der Geige vorspielen, und er wird dir mit verschlafener Stimme sagen:

Das ist ein Fis, und es ist ein bisschen falsch!

Und dann schläft er wieder ein!

Sein zweiter Vorteil ist sein eidetisches Gedächtnis. Das bedeutet, dass er ein Stück nach nur einmaligem Hören auswendig kann. Deshalb kann er auch alles, was er kennt, auswendig spielen und dabei mühelos neue Stücke lernen. Wenn man nun Vorteil Eins (absolutes Gehör) und Vorteil Zwei (eidetisches Gedächtnis) miteinander kombiniert, kommt eine unglaubliche Mischung dabei heraus. So hört er einmal Nannerl im Nebenzimmer üben. Kurz darauf ist ihr Unterricht beendet, und er ist dran. Er setzt sich ans Cembalo und spielt das Stück, das seine Schwester gerade geübt hat – ohne Fehler!

Ein weiteres berühmtes Beispiel: Mit 14 hört Wolfi zum ersten Mal das *Miserere* von Gregorio Allegri, ein ganz besonderes Stück: Es wird nur zweimal im Jahr gespielt, nämlich am Mittwoch und am Freitag der Karwoche vor Sonnenaufgang und nur in der Sixtinischen Kapelle in Rom! Es ist so schön (hör mal rein, es lohnt sich), dass der Papst verboten hatte, es bei anderen Gelegenheiten zu spielen. Es war für ihn allein reserviert! Während des Gesangs knien die Zuhörer, und nach und nach werden in der Kirche alle Kerzen gelöscht, bis totale Dunkelheit herrscht. Atmosphäre garantiert!

In dem Jahr sind Mozart und sein Vater also in Rom. Und hören das *Miserere*. Und was passiert? Mozart mit seinem magischen Gehör und seinem Gedächtnis schreibt die Partitur des Stücks auf, das er soeben gehört hat – kaum dass sie aus der Kirche raus sind! Das ist an einem Mittwoch. Am Freitag hört er sich das Stück noch einmal an, korrigiert ein paar kleine Fehler, und fertig! Im Jahr darauf, 1771, wird Allegris *Miserere* dann dank Mozart zum ersten Mal veröffentlicht, und der Papst ist ab jetzt nicht mehr der einzige, der es hören und genießen kann. Ganz schön fleißig, oder? 😁

Aber zurück zum kleinen Wolfi mit seinen fünf Jahren. Als Leopold klar wird, dass sein Sohn ein **WWW** ist (ein wunderbar wundersames Wunderkind), verdoppelt er seine Anstrengungen. Das Cembalo reicht nicht mehr! Er bringt ihm die Geige bei. Die ist nämlich seine Spezialität. Er hat sogar einen recht berühmten Leitfaden zum Erlernen dieses Instruments geschrieben. Auch die Orgel lässt er seinen Sohn lernen. Allerdings ist Mozart noch zu klein, um mit den Füßen die Pedale zu erreichen! Und auch wenn er nur wiederholt, was er hört, so lernt er doch, die einzelnen Noten zu unterscheiden, und kann sie bald fehlerlos lesen – noch bevor er das Alphabet kennt. Schließlich lernt Mozart auch das Komponieren! Für ihn ist das alles zunächst einmal ein Spiel.

Erst später wird daraus eine Leidenschaft, die ihn nie mehr loslässt. Leopold trägt ein paar Melodien für seine Tochter in ein Heft ein. Und darin finden sich auch die allerersten Musikstücke von Wolfi. Zunächst muss sein Vater sie noch transkribieren, denn der Kleine kann noch nicht gut Noten schreiben. Später schreibt er seine Kompositionen eigenhändig auf. Die ersten Melodien sind kurz, doch Mozart ist auch erst fünf Jahre alt. Mit der Zeit werden die Stücke länger und komplizierter.

Mit acht Jahren komponiert er schon recht anspruchsvolle Werke wie etwa eine vierstimmige Fuge. Dafür muss man sich vier Melodien ausdenken, die zusammen gespielt werden können, ohne dass alles wie Brei klingt. Man hört also jede für sich schon schöne Melodie heraus, aber alle vier Melodien zusammen klingen noch viel schöner. Genau solche Herausforderungen liebt der kleine Mozart. Im selben Alter faszinieren ihn übrigens auch schon die Rätsel der Mathematik.

Mit acht Jahren schreibt Mozart auch seine erste Sinfonie, also sein erstes Stück in drei

Sätzen für rund 20 Musiker, zugleich sein erstes Stück von mehr als zehn Minuten Länge. Man kann sagen: Ab jetzt ist Mozart ein echter Komponist. Aber: Ein wirklich großer Komponist ist er noch nicht!

Viele Leute glauben, Wolfi hätte seine Meisterwerke einfach so aus dem Ärmel geschüttelt. Stimmt gar nicht! Zunächst einmal ist es gar nicht so einfach, eine Partitur aus einem Ärmel zu schütteln. Und außerdem reichte es nicht, dass Mozart ein enormes Talent, ein absolutes Gehör und ein Elefantengedächtnis hatte – ganz zu schweigen von einem erstklassigen Lehrer als Vater und Musik von morgens bis abends. Wolfi musste trotzdem hart arbeiten.

Die Sinfonie, die er mit acht geschrieben hat, ist kein Meisterwerk. Natürlich ist es außergewöhnlich, dass jemand in dem Alter so etwas komponiert, aber eine Sinfonie dieser Art ist zu dieser Zeit nichts Besonderes. Andere Komponisten bringen genauso schöne zustande. Auch wenn ein Kind sie komponiert hat, bleibt Mozarts erste Sinfonie doch eine unter vielen.

Wenn ich Lachsröllchen mache, freut sich meine Mutter, denn es ist schon eine ziemliche Leistung, dass ich die Küche betrete, um etwas zuzubereiten. Sie sagt, sie liebt meine Lachsröllchen (und sie sind auch wirklich nicht schlecht 😛), aber deshalb sind sie noch lange nicht die besten Lachsröllchen der Welt! Und dasselbe gilt für Mozarts Werke aus seiner Kinderzeit.

EINS Der erste Satz, meistens der längste, ist ziemlich schnell und verlangt dem Publikum die meiste Aufmerksamkeit ab (deshalb ist er ja auch der erste).

ZWEI Der zweite Satz ist langsam und voller Emotionen (man kann also ein bisschen vor sich hin träumen).

DREI Der letzte Satz ist der schnellste und kraftvollste. Er endet mit einem großen, schönen Finale. Wenn Mozart einen vierten Satz in eine Sinfonie einbaut, platziert er ihn zwischen ZWEI und DREI und nennt ihn Menuett, was eigentlich ein Tanz ist – ein kleines, leichtes und nicht sehr langes Musikstück, das für sich selbst steht. Man kann sich dabei von den Emotionen bei Satz ZWEI erholen und sich auf das wilde Treiben von Satz VIER einstellen.

Wenn man also das Mozarts erstes wirkliches Meisterwerk hören will, muss man warten, bis er 21 ist – sicher auch noch sehr jung, aber immerhin hat er da schon mehr als 15 Jahre ununterbrochen an seiner Musik gearbeitet! Denn wenn man ein großer Künstler werden will, reicht die Begabung allein nicht aus. Man muss auch echt schwer schuften.

Und was ist nun dieses erste Meisterwerk? Das Concerto *Jeunehomme,* das ihr im Vorspann zu diesem Beitrag gehört habt, ein Stück für Klavier und Orchester, das Mozart für eine junge Frau geschrieben hat, die Jeunehomme hieß, also „Junger Mann“, ich schwöre euch, das ist wahr! Sie war eine seiner Schülerinnen, eine französische Pianistin auf Durchreise in Salzburg. Du solltest dir den zweiten Satz anhören, eines der ergreifendsten Musikstücke, die Wolfi je geschrieben hat. Eines meiner liebsten!

Okay, das war's für heute! Wenn du mehr erfahren willst, bleib dran und hör dir das **Tutorial von Pizzicato** an. Heute erklärt uns meine Katze, was klassische Musik ist! Du kannst natürlich auch direkt zum nächsten Beitrag springen. Da geht es darum, wie Wolfi durch Europa reist und dabei zum Superstar wird.

Das war **Esther** – bis bald bei einer neuen Folge von „100% Wolfi“! Und bis dahin geht schwimmen, fahrt Fahrrad oder spielt Gummitwist, aber:

Macht es musikalisch!

DIE TUTORIALS VON PIZZICATO

Klassische Musik in zwei *Maunzern*

Das hier ist unser Experte, der euch heute erklären wird, was klassische Musik ist. Ich weiß schon: So wie ihr die Sache seht, liegt er schnurrend neben der Heizung. Aber in seiner Katzensprache erzählt er euch jede Menge. Wenn er zum Beispiel schnurrt, will er damit sagen: „Meine lieben Freunde, die klassische Musik ist manchmal ganz anders, als man so glaubt." Ich übersetze mal:

„Die meisten Leute denken bei klassischer Musik an Geigen, einen Dirigenten oder Chöre in einer Kirche. Aber so ist das gar nicht! Jedenfalls nicht ganz.

Wenn man ganz allgemein von klassischer Musik spricht, umfasst das alles von den Klostergesängen des Mittelalters bis zum Soundtrack des letzten *Star-Wars*-Films mit seiner sinfonischen Musik. Da geht's also um nicht weniger als 500 Jahre! Wenn du also bei deinem liebsten Streaming-Dienst das Wort klassisch eingibst, findest du all das.

Aber das ist dann doch sehr umfassend. Die echten Profis werden dir sagen, dass die Zeit der klassischen Musik um 1750 anfängt und um 1800 endet. Das wären dann also nur 50 Jahre! Und die entsprechen in etwa den Lebensdaten des kleinen Wolfi: 1756–1791. Was kein Zufall ist, denn Mozart ist der wichtigste Komponist klassischer Musik. Man muss also aufpassen, wenn man den Begriff benutzt, weil nicht alle darunter dasselbe verstehen."

Vielen Dank für deine Erklärungen, Pizzicato! Aber bevor du nun von der Heizung aufs Sofa wechselst, kannst du uns vielleicht auch erklären, warum man diese Musik eigentlich klassisch nennt?

„Aber sicher, liebe Esther. Ganz einfach – weil die Musik aus dieser Zeit einfach vollkommen ist!"

Du übertreibst, Pizzy!

„Überhaupt nicht! Denn das heißt ja nicht, dass sie die beste ist. Sie ist vollkommen in dem Sinn, dass sie das richtige Gleichgewicht zwischen Einfachheit (jede beliebige Melodie von Mozart lässt sich problemlos summen) und Komplexität (die klassischen Stücke sind streng, gelehrt und durchdacht) ausdrückt. Man nennt sie aber auch deshalb klassisch, weil in der Zeit die wichtigsten Musikgattungen zu den Formen finden, die auch die Komponisten der zwei folgenden Jahrhunderte verwenden sollten: Streichquartett, Sinfonie, Sonate ..."

Jetzt ist alles klar! Danke – du kannst weiterschlafen, das hast du dir verdient.

„Miau ... „

Damit sagt euch Pizzicato: „Tschüss und bis zum nächsten Tutorial." Und das alles mit einem einzigen „Miau"...

Die Katzensprache ist eben unglaublich!

Folge TRES

The Magical Wolfi Tour

Hallo zusammen! In dieser Folge geht es darum, was Mozart zwischen dem 6. und dem 15. Lebensjahr so getrieben hat. Natürlich eine ganze Menge, aber vor allem ist er gereist! Irgendwer hat sich mal die Mühe gemacht, nachzuzählen:

Insgesamt war Wolfi an 3720 Tagen seines Lebens auf Reisen – zusammen mehr als zehn Jahre!

Nicht schlecht für jemanden, der gerade mal 35 geworden ist!

Die Idee stammt natürlich von Papa Leopold. Dass sein Sohn ein Wunderkind ist, muss man schließlich ausnutzen. Er wird Konzerte mit Nannerl und Wolfi organisieren, und die Leute werden dermaßen begeistert sein, dass sie die beiden mit Gold überhäufen. Anders ausgedrückt: Er will mithilfe seiner Kinder jede Menge Kohle scheffeln. 😒

Das ist nicht ganz falsch, aber Leopold hat auch einen anderen, ehrenwerteren Gedanken. Er weiß, dass Wolfi außergewöhnliche Fähigkeiten hat, und möchte ihm die bestmögliche musikalische Ausbildung bieten. Dafür muss er das Beste hören, was es gibt, und er muss die größten Musiker seiner Zeit kennenlernen. Kurz gesagt: Er muss reisen.

Der Vater will dem Sohn alles beibringen, was es über die Musikgattungen zu wissen gibt. Zum 6. Geburtstag schenkt er ihm ein Heft, in dem er handschriftlich über 100 Musikstücke aller Art notiert hat – Kopierer gab es nämlich 1762 in Salzburg noch nicht ). Es sind Stücke für Cembalo , Trompete , Violine  und sogar Jagdhorn . Aber er weiß: Das ist nicht genug. Es sind hauptsächlich deutsche Musikstücke, denn Partituren zu französischer und italienischer Musik sind schwer zu bekommen. Da fährt man doch besser gleich die Urheber besuchen!

Mit fünf Jahren gibt Wolfi in Salzburg sein erstes Konzert. Die Damen fallen von den Stühlen, während den Herren die Perücken vom Kopf rutschen. Dieser Junge ist unglaublich! Gestärkt durch diesen ersten Erfolg, fährt die Familie für ein paar Wochen nach München und dann nach Wien. Alles läuft bestens. Zu der Zeit sind Wunderkinder groß in Mode, und es ist gar nicht so selten, dass zehnjährige Kinder Konzerte geben, um ihre Zuhörer zu beeindrucken.

Zurück in Salzburg macht Leopold Kassensturz: In wenigen Wochen hat er so viel Geld eingenommen wie sonst in zwei Jahren! Und: Seine Kinder haben für

die Kaiserin persönlich gespielt ... und für **Marie-Antoinette**, die zukünftige Königin Frankreichs (sie und Wolfi sind gleich alt)! Noch besser: Das kleine Mädchen hat Wolfi einen Kuss gegeben! **Einen Schmatzer!** Er weiß nicht mehr, wo ihm der Kopf steht, und verspricht, sie zu heiraten, wenn sie beide groß sind.

Leopold sieht den Reichtum schon zum Greifen nah. Sie werden überall spielen und haufenweise Gold einsacken! Sein Sohn wird weltberühmt werden, und das Leben wird wunderbar sein: Sterne, Feuerwerk, Teppiche aus Rosenblättern ... Papa glaubt daran.

Aber nein! Nichts kommt so wie geplant:

—▷ Mozart erkrankt, er hat Scharlach. Die Abreise wird verschoben.

—▷ Es geht ihm besser, und die Mozarts brechen auf. Doch kaum sind sie losgefahren, bricht ein Rad an der Kutsche entzwei.

Sie halten in mehreren deutschen Städten und geben Konzerte. Doch kaum jemand hört sie sich an.

Leopold zweifelt. War es wirklich richtig, sich mit Frau und zwei Kindern in dieses Abenteuer zu stürzen? Man bedenke, dass das Reisen im 18. Jahrhundert kein Spaß ist! Man wird durchgerüttelt, trifft auf Räuber, in der Kutsche ist es heiß oder eiskalt, und die Fahrten dauern ewig! Fährt man heute mit dem Auto von Hamburg nach München, braucht man etwa neun Stunden, Pausen mitgerechnet. Damals war das eine Reise von EINEM MONAT!

Eigentlich wollten sie nur ein paar Monate weg sein. Doch am Ende dauert ihre Reise drei Jahre! Als sie nach Fahrten durch Frankreich, England und die Vereinigten Provinzen (die heutigen Niederlande) zurückkehren, will Leopold gleich wieder losfahren. Es folgen Aufenthalte in Wien (einer dauert ein ganzes Jahr!) und eine zweijährige Tournee durch Italien.

Siehe Seite 42!

Klein-Wolfi spielt für Könige und Königinnen, lässt sich in Versailles und London zujubeln. In Rom lernt er Kardinäle kennen und speist an der Tafel des Papstes. Prinzessinnen küssen ihn (nicht alle, aber die meisten), und er bekommt wertvolle Geschenke: eine Uhr, ein kleines Schwert und sogar Tabaksdosen (die man einem Kind von acht Jahren nun wirklich nicht schenken sollte). Wolfi ist zufrieden, sein Vater weniger.

Denn Leopold will Geld. Er wollte unbedingt reich werden, aber das hat nicht geklappt. Denn selbst wenn dann und wann recht viel Geld reinkommt, bleibt das Reisen doch eine teure Angelegenheit, und mehr als einmal hat die Familie auch einfach Pech: Die Kinder werden krank, wegen einer Pockenepidemie müssen die Mozarts aus Wien flüchten, eine Oper, die viel Geld bringen sollte, wird nicht aufgeführt …

Um die Verluste wettzumachen, stellt Leopold **ALLES MÖGLICHE** an, um das Publikum zu beeindrucken. So lügt er über das Alter seiner Kinder und macht sie ein Jahr jünger. Da Wolfi nicht sehr

DIE REISE DER FAMILIE MOZART

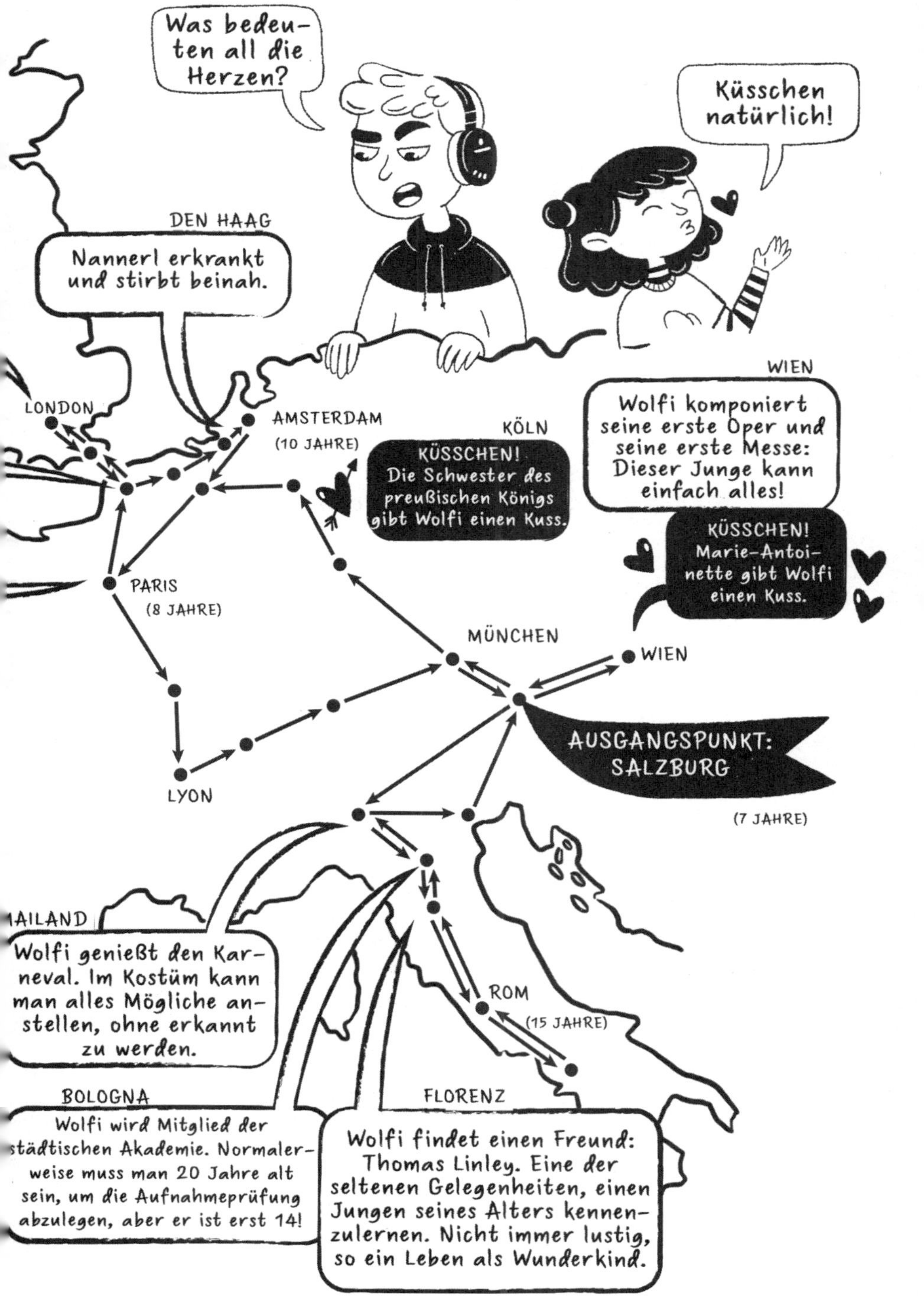

Was bedeuten all die Herzen?
Küsschen natürlich!
DEN HAAG
Nannerl erkrankt und stirbt beinah.
LONDON
AMSTERDAM
(10 JAHRE)
KÖLN
KÜSSCHEN! Die Schwester des preußischen Königs gibt Wolfi einen Kuss.
WIEN
Wolfi komponiert seine erste Oper und seine erste Messe: Dieser Junge kann einfach alles!
KÜSSCHEN! Marie-Antoinette gibt Wolfi einen Kuss.
PARIS
(8 JAHRE)
MÜNCHEN
WIEN
AUSGANGSPUNKT: SALZBURG
(7 JAHRE)
LYON
MAILAND
Wolfi genießt den Karneval. Im Kostüm kann man alles Mögliche anstellen, ohne erkannt zu werden.
ROM
(15 JAHRE)
BOLOGNA
Wolfi wird Mitglied der städtischen Akademie. Normalerweise muss man 20 Jahre alt sein, um die Aufnahmeprüfung abzulegen, aber er ist erst 14!
FLORENZ
Wolfi findet einen Freund: Thomas Linley. Eine der seltenen Gelegenheiten, einen Jungen seines Alters kennenzulernen. Nicht immer lustig, so ein Leben als Wunderkind.

groß ist, zweifelt niemand daran. Außerdem verlangt Leopold von ihm, mit verbundenen Augen Cembalo zu spielen oder Noten zu benennen, die jemand zufällig auf der Tastatur anschlägt 𝄞 ♫ ♩ ♪ ♪
(für ihn mit seinem absoluten Gehör ist das einfach, aber auf alle anderen wirkt es spektakulär). Außerdem soll er aus dem Stegreif improvisieren oder ein Lied begleiten, das er zum ersten Mal hört.

Wolfi macht das alles und seine Zuhörer sind baff. 😮 Eines Tages in Neapel glaubt das Publikum nicht, dass der Junge wirklich so schnell spielen kann. Sie sind davon überzeugt, dass der Ring, den er am Finger trägt, ihm ** magische Kräfte ** verleiht! Lächelnd legt Wolfi den Ring ab und spielt das Stück noch einmal … nur diesmal noch schneller! 😉

Solche Kunststücke, bei denen er wie ein dressierter Affe wirkt, liefert er klaglos ab. Auch abends, wenn er müde ist – sobald jemand ihn bittet, noch etwas zu spielen, tut er es, ohne aufzumucken. Nicht selten gibt er an einem Tag mehrere Konzerte. Wenn ich daran denke, dass ich schon Probleme habe, die Hausaufgaben und den Gitarrenunterricht hinter mich zu bringen, ohne eine kleine Pause am PC einzulegen! 😒

Wolfi geht nicht zur Schule und lernt keine Jungen und Mädchen in seinem Alter kennen. Außerdem bleibt die Familie selten länger als ein paar Monate am selben Ort. Unmöglich, unter solchen Bedingungen Freunde zu finden! Trotzdem bleibt er ein Kind:

Kommt ein Kätzchen ins Zimmer, springt er vom Cembalo auf, um es zu streicheln. Und Leopold rauft sich die Haare: Doch nicht vor der Erzherzogin! Er gerät in Verzückung, als er zum ersten Mal das Meer sieht, die Überreste von Pompeji oder in London einem Zebra, einem Elefanten und einem Löwen begegnet. Da er mehrere Sprachen spricht (Deutsch, Französisch, Englisch und Italienisch), macht er sich einen Spaß daraus, sie zu vermischen. Und er rutscht in Schlössern gern übers gewachste Parkett und solche Sachen. Außerdem hat er einen etwas speziellen Humor, über den ich leider auch sprechen muss.

PIKANTERIEN

DIE PIPI-, KACKA-, FURZWITZE

Jaaaa, ich weiß! Bei einem der größten Genies aller Zeiten wirkt das etwas seltsam. Aber wie sagt Mamas Freund Bruno?

Man muss nicht besonders schlau sein, um über einen Furz zu lachen, aber man wäre ganz schön dumm, es nicht zu tun!

Ich weiß nicht, ob ich das auch so sehe, aber egal. Der kleine Mozart sieht es auf jeden Fall so. Wann immer von Hintern, Popo und Kacka die Rede ist, zögert er keine Sekunde.

Zum Beispiel nennt er jedes Mal, wenn sie eine Grenze überqueren, das Land, das sie verlassen, das „Hinterreich“ – weil es ja hinter ihnen liegt. Bald wird daraus dann das „Hinter**n**reich“. Den Rest könnt ihr euch vorstellen. Es gibt Briefe, in denen er sich komplett gehen lässt. Und er wird diese Art Humor sein Leben lang beibehalten. Denn was gibt es schließlich Schöneres als einen netten kleinen Furzwitz zwischen Sinfonie und Messe? 

In einem Brief an seine Cousine bringt Wolfi dreizehn Mal das Wort „Kot“ unter!

Aber auch wenn nicht immer Geld reinkommt und Wolfi oft sehr kindisch ist, so funktioniert doch

Leopolds Methode, und der kleine, später größere Junge lernt neben seinem Handwerk jede Menge andere Dinge wie etwa die lateinische Sprache, die unverzichtbar ist, wenn man religiöse Musik komponieren will. Als Jugendlicher entwickelt er sich zur Leseratte und liest alles, was ihm in die Finger kommt, vor allem Theaterstücke. Die werden ihm später bei seinen Opern helfen.

Überall jubelt man Wolfi zu. Man macht ihm Komplimente, gratuliert ihm, findet ihn genial. Aber die Meinung von anderen interessiert ihn nicht. Außer es handelt sich um die Meinung eines anderen Musikers! Er weiß, dass er das Feedback und die Ratschläge von älteren Kollegen braucht, um weiterzukommen. Auf seinen Reisen lernt er viele Künstler kennen, darunter einige der wichtigsten seiner Zeit.

Er hört auch erstmals italienische Opern live. Nicht nur in Mailand und Neapel, sondern auch in Paris und London: Die italienische Oper und ihr *Belcanto,* eine spezielle Gesangstechnik, sind überall in Mode. Gleichzeitig entdeckt er die Opern von Gluck, einem deutschen Komponisten, der nach einer Art Anti-Belcanto sucht, d.h. einer natürlicheren Art des Gesangs als der italienischen. Auch die fran-

zösische Musik lernt er kennen (und mag sie nicht besonders) und später in London die Werke von **Georg Friedrich Händel**. Dieser großartige Komponist ist zwar schon rund zehn Jahre tot, aber noch immer spielt man seine Musik am englischen Königshof. Für Mozart sind seine Werke sehr bereichernd.

Es ist eine Sache, sich Musik einfach nur anzuhören. Etwas anderes ist es, mit denen zu diskutieren, die diese Musik machen. Auch das lässt Wolfi sich nicht

entgehen. Er redet mit Dutzenden Musikern und Sängern. So erfährt er alles über die Möglichkeiten der einzelnen Instrumente und Stimmlagen – und zwar unmittelbar von denen, die spielen oder singen. In London begeistert er sich für die Klarinette, die er zuvor noch nie gehört hat, und verliebt sich in ihren warmen Klang. Als Erwachsener wird er für sie einige Werke schreiben, die zu seinen besten gehören. In Florenz nimmt er Gesangsstunden bei **Manzuoli**, einem sehr berühmten Kastraten.

PIKANTERIEN 2

WAS IST EIGENTLICH EIN KASTRAT?

Vor allem aber trifft er andere Komponisten – und nicht die schlechtesten! In Paris diskutiert er mit **Schobert**, einem Meister an den Tasten, und **Cannabich**, einem in ganz Europa berühmten Komponisten und Orchesterchef. In Mailand trifft er **Piccinni**, einen der Großen der italienischen Oper, und **Sammartini**, einen Meister der Sinfonie. Aber die beiden wichtigsten Personen, die er kennenlernt, sind

Johann-Christian Bach (Sohn von Johann Sebastian (der zu der Zeit nicht mehr berühmt ist, es aber bald wieder werden wird (dank Wolfi und anderen, wir werden noch davon sprechen, aber erstmal müssen wir all diese Klammern schließen))) und **Padre Martini.**

Den ersten der beiden trifft er in London. Johann Christian ist der Musiklehrer der Königin und hat seine Freude an dem damals achtjährigen Wolfi: Er nimmt ihn auf die Knie, sie improvisieren abwechselnd auf der Tastatur und erfinden dabei eine ganze Sonate! Johann Christian ist fasziniert, hilft Familie Mozart mehr als einmal während ihres Aufenthalts in England und gibt dem Jungen wichtige Ratschläge. Besonders zur italienischen Oper, die er bis in die Fingerspitzen beherrscht. Bach ist Deutscher, aber er hat viele Jahre in Italien gelebt, bevor er sich in London niederließ. Man nennt ihn den „Mailänder Bach". (Da vier Söhne von Johann Sebastian Komponisten sind, muss man sie genau auseinanderhalten).

Die beiden mögen einander sehr und Johann Christian ist so etwas wie ein großer Bruder für Wolfi (oder eher ein Onkel mit seinen 30 Jahren). Sie ähneln sich in vielen Punkten: Beide sind deutscher Herkunft und dennoch wichtige Komponisten im Bereich der italienischen Oper. Beide mischen in ihren Werken erfolgreich Einflüsse des Nordens und des Südens. Und beide komponieren Stücke für alle Gattungen: für Stimmen und Instrumente, Opernarien ebenso wie religiöse Musik. Neben Haydn (den er später kennenlernen wird) ist Johann Christian der einzige Musiker, den Mozart niemals kritisieren wird. Jahre später, als der Freund gestorben ist, wird

Wolfi einige von dessen Melodien in ein Klavierkonzert einbinden – als Hommage eines großen Komponisten an einen anderen großen Komponisten.

Johann Christian schlägt seinem Schützling vor, seinen ehemaligen Lehrer **Padre Martini** kennenzulernen, wenn er ein Profi im Kontrapunkt werden will. Martini ist ein großer Meister des gelehrten Stils.

Denn zu der Zeit gibt es im Wesentlichen nur zwei Musikstile, den **galanten** und den **gelehrten:**

—▷ Die galante Musik geht ins Ohr, man verwendet sie fürs Ballett oder zur Unterhaltung bei Hof;

—▷ Die gelehrte Musik erschließt sich nicht so leicht, man muss sich konzentrieren, und sie kommt in ernsten, religiösen Zusammenhängen zum Einsatz.

Pater Martini ist die weltweite Nummer Eins des gelehrten Stils (den man auch als Kontrapunktik oder als die Kunst der Fuge bezeichnet). Kontrapunktische Musik zu komponieren ist das Allerschwerste. Es erinnert ein bisschen an eine Matheaufgabe, aber wenn du es wie eine Matheaufgabe angehst, klingt es scheußlich. Wenn du es aber nicht wie eine Matheaufgabe angehst, wenn du Herz und Seele und Musikalität hineinlegst, dann gehören diese Stücke zu den schönsten, die du jemals hören wirst! ☺

Wolfi wird den Rat von Johann Christian nicht vergessen und ein paar Jahre später, während seines Italienaufenthalts, seinerseits Schüler von Padre Martini werden. Zwischen ihnen springt der Funke über, sie mögen sich sehr, und Mozart lernt, was ihm noch fehlte, um wirklich gute Kirchenmusik schreiben zu können. Jetzt ist er fertig ausgebildet.

Er kann alles, und verglichen mit seinen musikalischen Fähigkeiten ist Hermine Granger in Magie richtig schlecht. Okay, Leopold ist nicht wie erhofft reich geworden. Und Wolfi konnte nicht mit anderen spielen, wie es Kinder normalerweise tun. Er war ein paarmal schwer krank und hat seine Jugend tiefgefroren in einer Kutsche verbracht, während er kreuz und quer durch Europa gereist ist. Das alles stimmt! Aber dafür hat sich Wolfi zu einem vollendeten Musiker und Komponisten entwickelt, der ein Unglück anzetteln und alles in die Luft sprengen wird …

In Wirklichkeit natürlich nicht! In der nächsten Folge von „100% Wolfi“ werde ich euch erzählen, wieso und weshalb nicht. Und bis dahin geht raus, reist rum, schaut euch was an, aber:

Macht es musikalisch!

DIE TUTORIALS VON PIZZICATO

Die Musik zu Zeiten *Mozarts*

Hallo zusammen, Pizzicato liegt auf meinen Knien, er schnurrt und hat die Krallen ausgefahren. Tut mir ja leid, Pizzy, aber du musst jetzt dein Tutorial halten. Erzähl uns was über die Musik zu Wolfis Zeiten.

„Italienische Oper."

Danke Pizzy, aber das ist ein bisschen wenig. Ich weiß, dass du weiterpennen willst, aber kannst du uns nicht ein bisschen mehr sagen?

„Pff … Viel mehr gibt's da nicht zu sagen. Die italienische Oper ist das Einzige, was zu der Zeit wirklich zählt. Man hört sie in London, Paris, Wien und natürlich in Italien. Allein in Neapel gibt es vier Konservatorien, in denen Sänger und Musiker speziell für die Oper ausgebildet werden. Übrigens bedeutet italienische Oper nicht nur, dass der gesungene Text auf Italienisch ist, sondern auch, dass er in der Art des *Belcanto* gesungen wird, einer Technik, bei der es vor allem auf Virtuosität ankommt. Immer lauter, immer höher, immer schneller! Das Publikum liebt so etwas."

Du willst damit sagen, dass die Musik in Frankreich oder England dieselbe ist wie in Italien?

„Ja klar. Die Komponisten sind ja auch (wie Mozart) ständig auf Reisen und schreiben ihre klassischen Musikstücke überall in Europa. Und überall ist die italienische Oper die Gewinnerin. In England finden sie zum Beispiel niemanden, der die Nachfolge des großen Händel antreten könnte, der kurz zuvor verstorben ist. Also wird italienische Musik gespielt! In Österreich will der Kaiser, dass auch Opern „nach deutscher Art“ geschrieben werden, doch die italienische Oper bleibt vorherrschend. In Frankreich gab es den „Buffonistenstreit“: Einige Leute wollten, dass mehr Opern „auf französische Art“ geschrieben werden, doch sie haben verloren, und die italienische Oper hat gewonnen. Unter uns: Das ist gar nicht so schlecht. Die Texte in den französischen Opern sind lang und gar nicht lustig. Außerdem kommen weniger Arien vor als bei den Italienern, und Arien mag ich am liebsten!“

Okay, aber die Leute hören ja wohl nicht nur Opern!

„Natürlich nicht! Es gibt auch Musikstücke speziell für die Mahlzeiten (also zur reinen Unterhaltung), für den Tanz oder für ernstere Anlässe: Sinfonien, Messen, Streichquartette. Aber am beliebtesten ist und bleibt …? Na was wohl …?“

Schon verstanden: die italienische Oper.

Danke, lieber Pizzy, für das Tutorial ☺, und bis bald!

Folge CUATRO

No Future!

In dieser Folge beschäftigen wir uns mit dem erwachsenen Wolfi. Dank der vielen Briefe, die er geschrieben und bekommen hat, wissen wir alles über sein Leben und seine Persönlichkeit. Dagegen weiß man nicht so genau, wie er aussah. Es gibt zwar einige Porträts von Mozart, aber keins ähnelt dem anderen! Man könnte fast glauben, dass nicht mal ein und dieselbe Person darauf abgebildet ist – hier der Beweis!

Manche sagen, dass er ganz gut aussah, andere sagen genau das Gegenteil. Nicht einmal seine Haarfarbe lässt sich zweifelsfrei bestimmen, denn auf allen Bildern trägt er eine Perücke (was damals üblich war). Drei Dinge sind sicher: Er ist nicht besonders groß, hat blaue Augen und eine ziemlich vorstehende, um nicht zu sagen riesige Nase. Ein bisschen wie die von Bruno.

Ansonsten lebt Wolfi vor allem für die Musik und die Liebe. Wenn eine junge Frau ein hübsches Gesicht und eine schöne Stimme hat, ist er augenblicklich verliebt. Er ist witzig, locker, lustig und exzentrisch (auch wenn er manchmal in Depressionen verfällt, aber davon reden wir noch).

Er ist nicht immer nett und mokiert sich in seinen Briefen über Leute, denen er begegnet: **„Die Dame mit dem langen Hals“** und **„die dumme Alte“** nennt er zwei Zuhörerinnen bei einem seiner Konzerte. Aber über niemanden lästert er mehr als über die, die sich für besonders wichtig halten. Über einen seiner Meinung nach schlechten Musiker schreibt er: **„Alle seine Worte klingen gestelzt. Und meistens macht er das Maul auf, ohne zu wissen, worum es geht. Manchmal schließt er es auch wieder, ohne etwas gesagt zu haben.“** Über einen anderen, der dem Alkohol zugetan ist, heißt es: **„Er ist jetzt sehr maßvoll: trinkt nicht mehr als 20 Flaschen Wein pro Tag, keine 40.“**

Gern erfindet er auch Namen für sich und andere. Sein Leben lang wird er Pseudonyme benutzen. Er mischt gern die Sprachen und liebt Wortspiele. So schreibt er auf Französisch im SMS-Code. In einem seiner Briefe steht: **G A C O B I A L** (J’ai assez obéi à elle = Ich habe ihr genug gehorcht). Diesen Brief werde ich Mama zeigen, wenn sie mir das nächste Mal sagt, ich soll den Geschirrspüler ausräumen.

Er liebt Codes und mathematische Rätsel, schreibt einige seiner Briefe in Geheimschrift. Und er spielt gern – vor allem Billard und Karten, aber auch Glücksspiele, die ihn immer wieder ruinieren werden.

VON WOLFI ERFUNDENES SPIEL
Man braucht: 176 Karten mit je zwei Takten Musik drauf, zwei Würfel und eine Tafel.
Ein Menuett ist eine Melodie mit 16 Takten. 1) Du würfelst. 2) Du schaust auf der Tafel nach, welche Karte du nehmen musst ...
AMADEUS
3) Das machst du acht Mal, denn da auf jeder Karte zwei Takte stehen, hast du dann 16 Takte – und ein eigenes Menuett!
Zu viele Zahlen für mich.
Wolfi hat dafür gesorgt, dass immer eine funktionierende Melodie dabei herauskommt – bei 50 Millionen möglichen Kombinationen! Ganz schön tüchtig, der Wolfi!
Ach, das ist nichts gegen die Reise nach Jerusalem!
Ihr kapiert überhaupt nichts!

Weiter geht's mit den Anekdoten: Er liebt Tiere, vor allem Vögel. (Er besitzt selbst ein paar davon, und Papageno, eine Figur aus seiner Oper *Die Zauberflöte,* ist Vogelhändler: Mit einem Netz fängt er lebende Vögel ein und verkauft sie dann auf dem Markt.) Auch Reiten und Fechten gefallen ihm – nur leider ist er weder für das eine noch für das andere begabt. ☺). Sein Lieblingsessen ist Kapaun mit „nicht zu weichen" Karotten, denn sein Vater sagt, das sei gut für die Gesundheit.

Obwohl er immer viel gereist ist, interessiert ihn die Natur nicht besonders. Er ist nicht der Typ, der sich für schöne Landschaften begeistert. Er hat immer in der Stadt gelebt, er ist ein Städter! Und er liest viel, vor allem Theaterstücke (zum Beispiel Werke von Shakespeare und Molière). Mit Vergnügen liest er die *Märchen aus 1001 Nacht* und verschlingt alle Opernlibretti, die ihm in die Finger kommen, in der Hoffnung, ein Thema für ein zukünftiges Werk zu finden.

Wolfi ist auch ein frommer Katholik, der immer darauf achtet, auch religiöse Musik zu komponieren (obwohl die Oper sein Lieblingsgenre bleibt). Für kirchliche Würdenträger hat er dagegen wenig übrig. Er sieht in ihnen Profiteure, die ihre Stellung missbrauchen, um sich ein Leben im Luxus zu leisten. (Vor allem gilt das für **Colloredo**, den Chef seines Vaters (und bald auch sein Chef), der zugleich Fürst und Erzbischof ist.)

Seine Arbeitskraft ist einfach unglaublich, es kommt vor, dass er komponiert, bis ihm die Augen zufallen und er über der Partitur einschläft! ZZz!

Und er kann komponieren, während er etwas ganz anderes macht: Er geht spazieren, diskutiert, spielt Karten und denkt sich dabei neue Musikstücke aus. Nebengeräusche stören ihn nicht, selbst dann nicht, wenn um ihn herum musiziert wird. Es kommt sogar vor, dass er sich ein neues Stück ausdenkt, während er ein anderes abschreibt!

Wolfi improvisiert gern, d.h. er komponiert seine Musik nach und nach, während er spielt.

Und da er ein Wahnsinnsgedächtnis hat, muss er, wenn ihm eine seiner Improvisationen gefällt, diese nur noch aufschreiben und fertig! Hör dir mal eine seiner *Fantasien für Piano* an (die K 475 zum Beispiel, meine liebste): Das sind Stücke, die er sich während seiner Konzerte ausgedacht hat!

Kurz: Wolfi bleibt Wolfi – ein Wunderkind ersten Ranges!

Jetzt, da er ein Topmusiker ist, will er eine Arbeit finden, die seinem Können entspricht. Das ist aber gar nicht so einfach. Man kennt ihn in ganz Europa als Wunderkind, aber er ist kein Kind mehr, er ist 17 Jahre alt! Man sieht in ihm einen Gaukler, der ständig auf Reisen ist, keinen ernsthaften Komponisten. Deshalb findet er auch keine Anstellung, weder in Mailand noch in Florenz, Wien oder München. Der Topstar erlebt einen Flop nach dem anderen. ☹

Wolfi ist in Salzburg gefangen, wo es Papa Leopold nach vielen Verbeugungen vor seinem Chef Colloredo, dem Fürsterzbischof, gelungen ist, seinem Sohn eine Stelle als Komponist zu verschaffen. Allerdings hat Salzburg, wenn man in London, Mailand und Paris gewesen ist, etwas von einem Rattenloch. Zumindest kommt es unserem Helden so vor. Man verlangt von ihm, Musik zu schreiben, die ihn nicht interessiert. **Man schreibt ihm sogar vor, wie seine Kompositionen zu sein haben!**

Für Wolfi bedeutet diese Art Zwang dasselbe wie für mich die Ankündigung des Sportlehrers, dass wir im ganzen zweiten Halbjahr Ausdauertraining machen werden: eine Kriegserklärung! Er träumt nur davon abzuhauen: Kaum hat er einen Auftrag in Wien, macht er vor Freude Luftsprünge und fährt los … nur um ein paar Wochen später reumütig zurückzukommen. Aber zum Glück kann er immer mal wieder frische Luft schnappen: In Wien hört er schöne Musik, gespielt von guten Musikern. Und er entdeckt die **Streichquartette von Joseph Haydn**. Eine Offenbarung!

Diese Quartette sind hochmodern! Uns mag das seltsam erscheinen, aber damals war diese Art Musik etwas ganz Neues und erst zehn Jahre alt. Zwei Geigen, eine Viola und ein Cello gleichwertig nebeneinander zu hören (also ohne dass ein Instrument den Solopart übernimmt und die anderen es nur begleiten), ist für Wolfi neuartiger als für uns **Techno** (30 Jahre alt) oder **Hip-Hop** (40 Jahre alt). Sofort komponiert er sechs Quartette im selben Stil.

Zu dieser Zeit (wann genau weiß man nicht) lernt er den Erfinder dieser Streichquartette kennen: Neben Johann Christian Bach ist **Joseph Haydn**, 24 Jahre älter als er, der einzige Musiker seiner Zeit, den Mozart bedingungslos schätzt und bewundert. Sie werden sehr gute Freunde, schreiben sich oft und hören sich die Musik des jeweils anderen aufmerksam an. Wolfi spricht von seinem „Papa Haydn", was zeigt, wie sehr er ihn liebt! Und auch Joseph ist hin und weg vom jungen Mozart. Er schreibt sogar an Leopold: „Ihr Sohn ist der **größte** Komponist, den ich kenne."

Salzburg kommt Wolfi immer mehr wie ein Gefängnis vor. Zwischen zwei Auftragswerken (galante Musikstücke, die ihn langweilen 😒), komponiert er zum Zeitvertreib einige Werke, die nicht viele Leute interessieren (und seinen Chef schon gar nicht): ein Quintett, ein paar Klavierkonzerte und Sinfonien, kurz: seine ersten Musikstücke als Erwachsener!

Mit 19 geht er für eine Weile nach München. **Freude!** 😊 Dort soll er eine Oper schreiben. **Freude, Freude!** ✿ Und die wird ein Erfolg … **Freude, Freude, noch mehr Freude** … der von kurzer Dauer ist 😟. Colloredo beordert ihn nach Salzburg zurück und interessiert sich nicht dafür, dass die Oper seines Lakaien den Münchnern gefallen hat. Für Wolfi ist das ein harter Schlag – und nicht der letzte.

Während eines musikalischen Wettbewerbs mit Offizier von Beecke, einem bekannten bayerischen Virtuosen, spielt dieser so schnell und präzise auf dem Cembalo, dass die Funken sprühen. Wolfi überzeugt natürlich auch, aber das Publikum findet seinen Gegner noch spektakulärer. Der zweite Tiefschlag, aber Mozart versucht, damit fertigzuwerden: Es ist wichtiger, schöne Musik zu schreiben als schnell zu spielen! Das kann schließlich (fast) jeder.

Dritter Tiefschlag: Colloredo will sparen und schließt das Stadttheater. Damit schwindet Wolfis letzte Hoffnung, dass man ihn in Salzburg mit einer Oper beauftragt. Wozu sollte das schließlich gut sein, wenn es keine Bühne gibt, um sie aufzuführen?

Der Maestro ist deprimiert und wendet sich dem *Sturm und Drang* zu, der damals gerade in Mode ist.

Sturm und Drang – der Name ist Programm! Diese Kunstströmung stellt das Gefühl in den Mittelpunkt. Wenn man sich schlecht fühlt – umso besser. So in der Art von: Schaut her, wie ich leide! Es gab in der Musikgeschichte immer wieder mal Zeiten, in denen Verzweiflung, Düsternis und Tristesse vorherrschten – manchmal in fast schon lächerlicher Weise. Heute findet man sowas bei den Punks, den Metal-Fans oder auch in Horrorfilmen und Videogames.

Zu Mozarts Zeiten komponierten viele deutsche Musiker (auch Johann Christian Bach und Joseph Haydn) so: mit vielen Tremolos, mit Dissonanzen und unerwarteten Rhythmen, mit sehr lauten und dann wieder sehr leisen Stellen. Das sollte sich nicht lange halten, aber auch Wolfi komponiert in dieser Art (zum Beispiel seine *Sinfonie Nr. 25*, eines seiner bekanntesten Werke, das am Beginn dieses Kapitels steht).

Er hält es nicht mehr aus, er muss weg aus Salzburg! Leopold ist einverstanden. Er nimmt an, dass sein Sohn wieder nach Paris gehen wird. Dort wird er sicher eine seinem Talent entsprechende Stellung finden.

Doch der *Big Boss* Colloredo sagt **NEIN.** Er hat die Nase voll davon, dass Amadeus bei jeder sich bietenden Gelegenheit die Stadt verlässt. Und Wolfi kann diesen Fürsterzbischof nicht mehr ertragen, der nichts von seiner Musik versteht. Er schäumt vor Wut. Und nun macht dieser Grünschnabel von 21 Jahren etwas wirklich Verrücktes! Etwas, das vor ihm noch kein Musiker und kein Angestellter gewagt hat: Er sagt sein Lieblingswort „Kot“ (beinah jedenfalls) – und kündigt!

Fassungslosigkeit! Ein Angestellter kündigt nicht einfach so, die Herrscher entscheiden alles, und kein nichtswürdiger Cembalo-Klimperer wird daran etwas ändern! Nicht vergessen: Die Französische Revolution hat noch nicht stattgefunden, und einem Fürsten darf man nicht widersprechen.

Colloredo sträuben sich die Haare: Man wagt es, seine Autorität infrage zu stellen? Er beschließt, dass er sich verhört haben muss, tut so, als hätte Mozart nicht gekündigt … und entlässt ihn!

Für den Moment ist es Mozart egal, ob er geht, oder ob der andere ihn gefeuert hat: Er ist jung, und er ist frei! Er fährt nach Paris … mit seiner Mutter!

Leopold misstraut seinem Sohn und fürchtet, dass er irgendwelche Dummheiten macht. Er würde gern mitfahren, aber nach der Sache mit Colloredo ist das unmöglich, wenn er seine Stelle in Salzburg behalten will. Also bittet er seine Frau, die allerdings nicht allzu viel von Musik versteht, auf ihren Jungen aufzupassen … der inzwischen 21 Jahre alt ist!

Wolfi wäre zwar lieber allein gefahren, aber Hauptsache, er kann endlich wieder frei atmen.

Wolfi hört ein *Singspiel,* d.h. eine Oper auf Deutsch. Zu dieser Zeit, in der die italienische Oper ganz Europa beherrscht, erscheint ihm das interessant. Noch am selben Tag beginnt er davon zu träumen, ein eigenes Singspiel zu komponieren, doch es wird ein paar Jahre dauern, bis er das in die Tat umsetzt.

Eine wichtige Stadt für die Musiker der damaligen Zeit: Mannheim hat das beste

Orchester Europas! Natürlich gefällt Wolfi dieser Ort... zumal er sich dort verliebt.

Sie heißt **Aloisia Weber**, ist 17 Jahre alt, hübsch und hat eine herrliche Stimme! Wolfi will sie sofort heiraten. Paris ist vergessen, er will in Mannheim bleiben ... allerdings ist Leopold dagegen. Vater und Sohn wechseln einige Briefe, doch der Vater bleibt hart: Zweck der Reise ist es, einen Job zu finden, keine Frau!

Mozart sucht Arbeit vor Ort, um seinen Vater zu besänftigen, doch er findet keine. Schließlich wurde er offiziell von Colloredo entlassen. Man kann sich vorstellen, welchen Eindruck das macht, wenn man auf

Arbeitssuche ist. Er hofft, den Auftrag für eine Oper zu bekommen, doch das Projekt fällt ins Wasser. Man verspricht ihm eine Belohnung, weil er so gut gespielt hat – und gibt ihm eine unverkäufliche goldene Uhr. Um ein bisschen Geld zu verdienen, gibt Wolfi Musikstunden. Er hasst das und die Schüler geben sich nicht gerade die Klinke in die Hand. Ergebnis: Das Geld wird knapp, und dabei sind seine Mutter und er noch nicht einmal in Frankreich angekommen.

Leopold ist außer sich. Er schickt seinem Sohn Briefe, gegen die die Wutausbrüche meiner Mutter Wiegenlieder sind (sogar als Pizzicato auf ihrem Lieblingsholzfällerhemd sein Geschäft gemacht hat, war sie nicht so sauer). So unter Druck gesetzt, stimmt Wolfi der Weiterreise schweren Herzens zu. Allerdings denkt er immer an Aloisia und nimmt sich vor, sie zu heiraten, sobald er eine Anstellung hat.

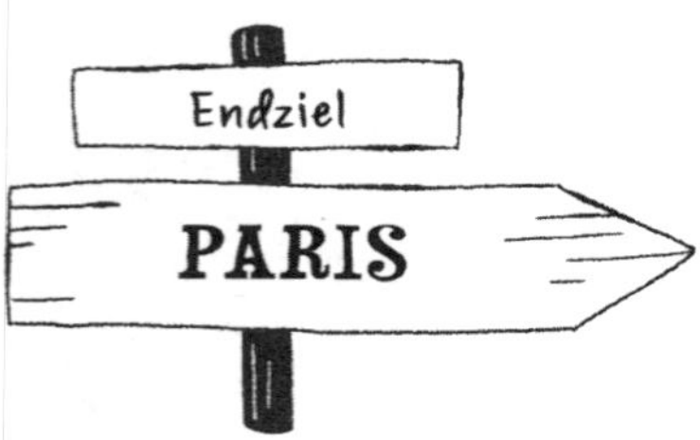

Die Situation verbessert sich nicht. Da sie kein Geld haben, ziehen Wolfi und seine Mutter in ein winziges Zimmer, in dem noch nicht einmal Platz für ein Klavier ist. Mozart muss wieder Stunden geben und langweilt sich. Er findet, er habe Besseres zu tun, und überlässt den Unterricht „Leuten, die nichts anderes können als Klavier spielen“.

Schließlich bittet er den Baron **Melchior Grimm** um Hilfe. Dieser ist deutscher Herkunft, kennt aber jeden in Paris. Als echter Höfling ist er ein Meister in der Kunst der Intrige. Und er hat einen ganz einfachen Plan, um Wolfi in Versailles einen Platz an der Sonne zu sichern!

Erstens werde ich Sie der Herzogin von Chabot empfehlen. Sie spielen bei ihr und sie wird Sie lieben. Zweitens: Die Herzogin kennt die Cousine des Königs. Natürlich wird sie ihr von Ihnen erzählen, weil sie Sie ja so bewundert. Drittens: Die Cousine hört Sie und ist ebenfalls von Ihnen begeistert. Viertens: Sie spricht mit dem König persönlich über Sie! Fünftens: Der König lädt Sie nach Versailles ein und ist begeistert von Ihnen! Und schon ist Ihr Erfolg gesichert!

Allerdings sind solche Ränkespiele nicht Mozarts Sache. Er hasst es, ein falsches Lächeln aufsetzen und falsche Komplimente machen zu müssen. Grimm dagegen tut den ganzen Tag nichts anderes!

Wolfi geht trotzdem zur Herzogin von Chabot. Es ist kalt, seine Finger sind ganz steif, man lässt ihn an einem zugigen Ort warten, und als man ihn endlich auffordert zu spielen, ist das Klavier völlig morsch! Noch schlimmer: Niemand hört ihm zu, man spielt Karten und tut so, als wäre er gar nicht da. Ich würde meinen rechten Arm und meinen Bruder dafür geben, dass Wolfi für mich eine Sonate spielt, und den Idioten ist es ganz egal!

Weit weg von seiner Verlobten, mit der lästigen Mutter an seiner Seite, kehrt die Melancholie zurück. Man beauftragt ihn mit einer Sinfonie, aber die Noten werden nicht früh genug ins Reine geschrieben, und das Konzert fällt aus. Mozarts Stimmung sinkt noch weiter. Er hasst Paris (das er schmutzig findet) und die Pariser (die er für Dummköpfe und Esel hält, wenn es um Musik geht).

Der „Copyshop“

Wie alle Komponisten seiner Zeit liefert Mozart eine Gesamtpartitur ab, die alle Instrumente enthält. Man nennt dies die Orchesterpartitur. Die benutzt der Dirigent bei den Proben und während des Konzerts. Aber es muss auch für jeden Musiker eine eigene Partitur angefertigt werden, aus der hervorgeht, was er zu spielen hat. Das ist eine enorme Arbeit und dauert echt lange.

Man beauftragt ihn mit einer weiteren Sinfonie, die sogar einen gewissen Erfolg hat, doch Wolfis Stimmung hebt sich kaum. Er sucht nach einer Geschichte für eine neue Oper, er will ganz groß rauskommen, und er weiß, dass er in der italienischen Oper die volle Bandbreite seines Talents zeigen und so richtig Ruhm ernten kann. Aber im Moment findet er nichts.

Grimm reicht's, er will diesem jungen Komponisten ohne Zukunft nicht mehr helfen. Er weiß, dass Mozart nicht das Zeug zum Höfling hat und dass er es ohne ein gewisses Talent für die höfische Intrige in Paris nie schaffen wird.

Leopold hört nicht auf, seinem Sohn vorwurfsvolle Briefe zu schreiben: Er verdiene zu wenig Geld, gebe das bisschen, was er habe, zu schnell aus, mache ihm Sorgen noch und noch. Mozart ist am Boden ... Es könnte nicht schlimmer sein.

Und doch – es kann noch schlimmer sein.

Seine Mutter wird krank und stirbt nach vierzehntägigem Leiden.

Wolfi allein muss sich um sie kümmern.

Wolfi ist allein in Paris.

Wolfi ist allein.

Sturm und Drang.

Doch dann geht es für Mozart ganz langsam wieder aufwärts. Er nimmt erneut Kontakt zu Johann Christian Bach auf, er erhält den Auftrag, eine zweite Sinfonie zu schreiben, die wieder ein großer Erfolg wird, und mehrere seiner Klaviersonaten werden veröffentlicht. Wird er vielleicht endlich ohne seine Mutter und ohne Grimm in Paris zurechtkommen?

Leopold ist auf dem Ohr taub und geht zum Gegenangriff über. Kommt nicht in Frage, dass sein Sohn unbeaufsichtigt am anderen Ende Europas wer weiß was treibt. Schließlich hat er auch einen Plan!

> Erstens bitte ich Fürsterzbischof Colloredo, Wolfgang eine zweite Chance zu geben. Zweitens mache ich meinen Sohn für den Tod seiner Mutter verantwortlich. Und drittens drohe ich damit, selbst vor Kummer zu sterben, falls er nicht zurückkehrt.

Kein sehr netter Plan, da sind wir uns wohl einig. Man nennt das emotionale Erpressung – so wie wenn Bruno sagt, er wird einen Schwächeanfall bekommen, wenn er nicht den letzten Nacho mit Käse essen darf! Doch Mozart bleibt standhaft. Da fährt Leopold stärkere Geschütze auf.

> Aloisia ist als Sängerin in Salzburg engagiert worden. Wenn du nach Hause kommst, bin ich damit einverstanden, dass sie bei uns lebt.

Das funktioniert natürlich. Wolfi verlässt Paris und kehrt zu Papa zurück.

Alles Weitere zu Wolfis Abenteuern in der nächsten Folge! Jetzt kommt erstmal ein weiteres Tutorial von Pizzicato, diesmal zum Concerto und zum Streichquartett!

Das war Esther (Und Mattes!),
bis bald! Und bis dahin tobt, schreit und werdet wild, aber:

Macht es musikalisch!

DIE TUTORIALS VON PIZZICATO

Das Concerto und das Streichquartett

Psssst – wir befinden uns im Keller des Hauses, und ich habe gerade herausgefunden, wo Pizzicato sich versteckt. Seht ihr seine Augen da oben auf dem Schrank?

Wie zwei goldene Knöpfe in der Dunkelheit. Seht mal, wie er sie zusammenkneift. Er liebt verschlüsselte Nachrichten – genau wie Wolfi. Diese hier ist in Morsezeichen. Ich übersetze sie mal für euch:

„Zu Wolfis Zeiten ist das Concerto schon seit über einem Jahrhundert eine wichtige Musikgattung. Dabei wird ein einzelnes Instrument (oder eine Gruppe von Instrumenten) dem restlichen Orchester gegenübergestellt. Das lateinische Wort *concertare* bedeutet kämpfen! Hier kann der Komponist Bravourstücke für den Solisten schreiben, der damit den übrigen Musikern die Stirn bietet. Oder eine Musik wie ein Dialog, bei dem sich Solist und Orchester die Bälle zuspielen."

Da seht ihr mal, wie gut das mit dem Morsen funktioniert. Sogar im Dunkeln kann Pizzicato sein Tutorial abhalten. Einfach super, diese Katze.

Die Concertos von Mozart

Davon hat er eine ganze Menge komponiert, und zwar für verschiedenste Soloinstrumente (Horn, Flöte, Harfe, Oboe, Fagott ...), aber vor allem für Violine (fünf insgesamt) und Klavier (alles in allem 27). Wenn du nur zwei hören dürftest (abgesehen vom *Concerto Jeunehomme,* von dem in Folge Zwei die Rede war), würde ich dir das *Concerto für Klarinette* und das *21. Klavierkonzert* empfehlen!

Und jetzt erzählst du uns noch ein bisschen was zum Quartett, okay?

„Im Gegensatz zum Concerto ist das Quartett zu Mozarts Zeiten noch relativ neu und sehr angesagt. Zu einem Quartett gehören zwei Violinen, eine

Viola und ein Cello. Alle spielen gemeinsam, es gibt keine Solisten und keine Begleitinstrumente. Dadurch konnten Komponisten wie Haydn und später Mozart Stücke schreiben, die intim klingen (denn es spielen ja nur vier Musiker), aber zugleich sehr raffiniert und durchdacht sind (denn die Instrumente wechseln sich

TIPP VON ESTHER

Wenn du dir nur ein Quartett von Mozart anhören dürftest, dann empfehle ich dir eins der beiden, die er Haydn gewidmet hat (zum Beispiel die Nr. 19, das sogenannte „Dissonanzenquartett“).

während eines Stücks ständig ab, was die wichtigen Partien betrifft).“

Danke, Pizzy! Ich lass dich jetzt in Ruhe in deinem Versteck und verschwinde aus diesem dunklen Keller – zurück ans Tageslicht.

Bis zum nächsten Tutorial! ♫

Folge FÜNF

Ich weiß nicht, warum ich zuerst auf Spanisch gezählt habe. Mozart sprach ja Deutsch!

Ich bin dein Vater!

Wir haben Mozart in der letzten Folge recht traurig zurückgelassen. Er verlässt Paris und kehrt nach Salzburg zurück zur schönen Aloisia – in der Hoffnung, sie zu heiraten. Doch das Universum ist auf diesem Ohr taub. Scheinbar hat sich alles gegen Wolfi verschworen: Wird der junge Padawan der dunklen Seite der (musikalischen) Macht anheimfallen?

Dies sind die Bösen → der abscheuliche Fürsterzbischof **Colloredo** und sein Scherge **Darth Leopold Vader**.

Ort der Weltraumsaga:

Der Todesstern, Salzburg!

Kaum hat unser Jedi mit seinem Laser-Cembalo die erste Station seiner Rückreise erreicht, da erfährt er, dass Aloisia auf dem Planeten München eine Stellung gefunden hat und nicht auf dem Planeten Salzburg ... wie es sein Vater ihm erzählt hatte.

Die Enttäuschung ist groß, und Wolfi trödelt wie nie zuvor. Er hat keine Lust, nach Hause zurückzukehren, und nimmt sich alle Zeit der Welt. Er bleibt ein paar Tage in Straßburg und bewirbt sich einmal mehr um eine Anstellung – alles ist besser, als wieder für Colloredo zu arbeiten. Aber er hat keinen Erfolg.

Er will „nur eine Nacht" in Mannheim verbringen. Hier hat er Aloisia kennengelernt. So viele Erinnerungen! Wolfi verfällt in Melancholie … Nach einer Woche ist er immer noch da. Leopold gerät außer sich: Sein Sohn muss zurückkehren, sein Chef wartet auf ihn! In seinen Briefen überschüttet er ihn mit Vorwürfen: **Du verschwendest deine Zeit, du gibst zu viel aus, du bist unfähig, eine Arbeit zu finden!**

Schließlich verlässt Wolfi schweren Herzens die Stadt. Glücklicherweise bleibt ihm noch eine Station vor Salzburg, nämlich München, wo Aloisia jetzt lebt! Er eilt zu den Eltern der Schönen … und sie ignoriert ihn völlig! Kaum, dass sie das Wort an ihn richtet. Sie ist jetzt eine gefragte Sängerin, verdient viel Geld und wird von allen geliebt! Und er, der kleine Wolfi, ist arm, und niemand will seine Musik. ☹

Verzweifelt setzt Wolfi seine Reise fort: Richtung —▷ **Todesstern.** Darth Leopold wartet auf ihn, ganz in Schwarz, sein Atem geht schwer. Der junge Jedi ist auf die dunkle Seite zurückgekehrt; er zieht wieder in sein Kinderzimmer (mit 23!) Die Atmosphäre ist angespannt. Seine Schwester Nannerl schlägt sich auf die Seite des Vaters und findet, dass Wolfi versagt hat (er hat sich verliebt, in Paris keine Arbeit gefunden und seine Mutter sterben lassen). Und dabei finde ich schon, dass meine Familie nicht immer die reine Freude ist! ☹ Aber letztlich mag ich dich sehr, Bruno! Mattes, ich bete dich an! Pizzicato, du bist mein kleines Dickerchen! Und Mama, du bist meine Mama für immer! ♡♡

Als er Salzburg verließ, hatte Wolfi geglaubt, er müsse nie wieder seine Livree tragen, und jetzt muss er doch wieder dieses demütigende Kostüm anziehen. Er wird Hoforganist und trägt den Titel eines Instrumentisten (Konzertmeisters). Und das ihm, der sich als Komponist, also als Kapellmeister sieht! Doch es steht ihm nicht zu, etwas zu fordern, denn es war von Colloredo schon nett genug, ihn überhaupt wieder einzustellen (wie Leopold ihm pausenlos versichert). Sein einziger Verhandlungserfolg ist, dass er dem Fürsten nichts mehr auf der Geige vorspielen muss und sich auf die von ihm bevorzugten Tasteninstrumente konzentrieren darf. Er soll religiöse Musik komponieren, was er ohne Begeisterung tut. Er wird trübsinnig und schreibt kaum noch Stücke zum Vergnügen. Er hat noch nie so wenig komponiert wie jetzt.

Doch er sät, ohne es zu wissen, viele kleine Samen •˙•, die später zu großen Bäumen heranwachsen. **Die helle Seite der Macht ist nicht mehr weit.** ☺

• Erstes Samenkorn

Eine Theatertruppe kommt in die Stadt. Wolfi versäumt nicht eine Vorstellung und freundet sich mit **Boehm**, an, dem Chef der Truppe. Für ihn beginnt er mit der Arbeit an einer Oper in deutscher Sprache (also einem Singspiel, wovon er schon seit Jahren träumt). Erzählt wird die Geschichte der schönen Zaïde, die vom Sultan gefangen gehalten wird … Wird sie es schaffen, ihm zu entkommen? Doch Wolfi führt das Werk nicht zu Ende. Jahre später wird er ein neues Singspiel schreiben: *Die Entführung aus dem Serail*. Darin geht es um die schöne Konstanze, eine Gefangene des Pascha … Wird sie es schaffen, ihm zu entkommen? Sehr ähnlich, aber dieses Mal vollendet Wolfi die Partitur.

.. Zweites Samenkorn

Böhm verlässt vorerst Salzburg, doch eine neue Truppe taucht auf, angeführt von einem gewissen **Emanuel Schikaneder**. Auch er wird ein Freund Mozarts. Zunächst planen sie kein gemeinsames Projekt, doch zehn Jahre später wird Schikaneder den Text zu einer der berühmtesten Mozart-Opern schreiben: *Die Zauberflöte*.

... Drittes Samenkorn Mozart stößt auf ein Theaterstück, das in Frankreich sehr erfolgreich ist: *Der Barbier von Sevilla.* Dieses Stück von Beaumarchais wagt, was bisher noch niemand gewagt hat: Es stellt die Vorrechte des Adels infrage. Wolfi ist begeistert! 🤩 Bald schon schreibt Beaumarchais ein zweites Stück, in dem die Figuren aus dem ersten erneut vorkommen: *Figaros Hochzeit.* Dieses Stück macht sich noch stärker über den Adel lustig: Unbewusst nimmt es den Geist der Französischen Revolution vorweg. Aus diesem Stück wird Wolfi eine Oper machen (unter leicht verändertem Titel: *Die Hochzeit des Figaro*).

Tief in seinem Abgrund seufzt und gähnt Wolfi, er langweilt sich. Doch eine Nachricht aus einer fernen

Galaxie gibt ihm wieder Hoffnung, den Todesstern für ein Weilchen verlassen zu können: **Karl-Theodor**, der Kurfürst von Bayern, gibt bei ihm eine Oper für den Münchner Karneval in Auftrag! Selbstverständlich nimmt er sofort an. Allerdings muss Colloredo zustimmen, dass er Salzburg verlässt und woanders arbeitet. Zum Glück will es sich Mozarts Chef mit Karl-Theodor nicht verderben, und so gewährt er Wolfi einen Urlaub … von sechs Wochen!

Das reicht natürlich nicht, um eine Oper zu schreiben, einzustudieren und aufzuführen. Jeder andere Komponist hätte dafür fünfmal mehr Zeit gebraucht. Aber Wolfi ist ja nicht umsonst ein Wunderkind. Er fährt nach München und ist überzeugt davon, diesen Kraftakt hinzukriegen. Er arbeitet Tag und Nacht, lässt Mahlzeiten ausfallen. In nur zwölf Wochen (also trotz allem der doppelten Zeit, die Colloredo ihm gegeben hatte) schreibt er seine erste große Oper:

Idomeneo, König von Kreta

Noch nie hat Wolfi so intensiv an einer Komposition gearbeitet: Er muss einen Hit landen und die Welt zum Staunen bringen, um gleich im Anschluss bei Karl Theodor eine Anstellung zu finden und so Salzburg endlich für immer verlassen zu können. Er kämpft an allen Fronten, um eine möglichst gute Arbeit abzuliefern. Den Text gibt man ihm vor, und er kämpft wie ein Löwe mit dem Librettisten.

Der schreibt endlose Monologe voller Wörter, die schwer auszusprechen sind, doch Wolfi lässt sich nicht beirren: Kürzer und einfacher muss es sein, wenn man das Publikum berühren will. Er lässt zahlreiche Passagen umschreiben, kürzt die Oper um eine halbe Stunde, streicht ganze Arien.

Alle Sängerinnen und Sänger wollen im Mittelpunkt stehen und fordern vom Komponisten, dass er Szenen so oder anders schreibt. Mozart lässt sich nicht beeinflussen. Leopold warnt ihn: Er solle bloß keine zu komplizierte Musik schreiben! Doch Wolfi lässt auch dies an sich abprallen. Er wird es so machen, wie er will, denn diese Oper wird ein Meisterwerk und nichts weniger!

Als sie die Partitur sehen, jubeln die Musiker; den Sängern bleibt das A im Halse stecken: Diese Musik ist schwindelerregend, wundervoll, völlig neu!

Alle sind davon überzeugt, dass die Oper ein **großer** Erfolg wird. Karl-Theodor persönlich wohnt einigen Proben bei und gratuliert Wolfi von Herzen. Zum ersten Mal in seinem Leben erfährt er Anerkennung als Komponist. Endlich ist er nicht mehr nur das Wunderkind von früher. Viele der Sänger und Musiker, die bei der Oper mitmachen, sind seine Freunde. Er ist von netten Leuten umgeben und bekommt viele Komplimente – so glücklich wie jetzt war Wolfi noch nie !

Endlich ist der große Tag da! Die Premiere findet an Wolfis 25. Geburtstag statt, und er hätte sich kein schöneres Geschenk vorstellen können. Vater und Schwester sind extra angereist. Und alle Welt ist begeistert, die Aufführung wird zum Triumph … bei den Musikliebhabern. Das breite Publikum bleibt eher gleichgültig, und man kann deshalb nicht gerade von einem großen Erfolg sprechen.

Doch für Wolfi war seit jeher nur die Meinung der Profis wichtig, und da denen seine Arbeit gefällt, ist er zufrieden. Außerdem ist Karneval, und der muss gefeiert werden. Nach wochenlanger Arbeit kann der Maestro sich endlich mal gehen lassen. Er tanzt, trinkt, spielt und küsst jungen Damen den Hals …

In den darauffolgenden Tagen komponiert er speziell für seine Münchner Freunde zum Dank ein paar Kammermusikstücke. Auf seine Oper *Idomeneo* sollte Mozart immer besonders stolz sein. Er wird später versuchen, das Stück in Wien wiederaufführen zu lassen, doch es soll ihm nicht gelingen. Zu seinen Lebzeiten wird die Oper nie mehr gespielt.

Stattdessen hat Colloredo so langsam **genug** von diesem kleinen Mozart, der seine Anordnungen nicht befolgt: Sechs Wochen Urlaub heißt sechs Wochen! Er hätte schon längst wieder zu Hause sein müssen. Jetzt, da seine Oper aufgeführt wurde, gibt es keinen Grund mehr, noch länger in München rumzuhängen – schon gar nicht, um dort zu feiern! Wolfi erhält den Befehl, nach Wien an den Kaiserhof zu fahren, wo Colloredo sich gerade aufhält.

Darth Leopold fleht seinen Sohn an, sich bescheiden zu geben, nicht zu vergessen, dass er nur ein Angestellter ist und den Big Boss keinesfalls zu verärgern. Doch Wolfi ist jetzt erwachsen. Er weiß um sein Talent und seine Fähigkeiten, und er erträgt es immer weniger, wenn man ihn wie einen Lakaien behandelt.

Zumal der Empfang durch Colloredo eisig ist: Er will ihm zeigen, wo sein Platz ist. Und natürlich gratuliert er ihm auch nicht zu seinem Erfolg mit *Idomeneo*. Schlimmer noch: Es wird Mozart verboten, für irgendjemand anderen als für seinen Dienstherrn zu spielen und zu komponieren. Dabei sind sie gerade in Wien, und es gäbe genug Gelegenheiten, seine Musik zu spielen! Um ihn noch weiter zu demütigen, befiehlt der Fürsterzbischof Wolfi, seine Mahlzeiten zusammen mit der übrigen Dienerschaft einzunehmen. Die Zeiten, in denen das Wunderkind an der Tafel des Papstes speiste, sind lange vorbei!

Wolfi schäumt! Der Herr der Finsternis wird schon sehen, wozu sein Lakai fähig ist! Während eines Konzerts zu Ehren eines russischen Fürsten erlaubt sich Wolfi, diesen persönlich zu begrüßen – ohne dass er um Erlaubnis gefragt hätte. Colloredo wird fuchsteufelswild: Er schätzt es nicht, wenn einer seiner Domestiken sich aufführt, als wäre er einem Adligen gleichgestellt!

Mozart wird gebeten, bei einem Wohltätigkeitskonzert mitzuwirken, doch Colloredo hat ihm ja verboten, aushäusig zu spielen. Man ist befremdet: Dieser Fürst wird doch seinen Musiker nicht daran hindern, für einen guten Zweck zu spielen! Angesichts dieses Drucks von außen erhält Wolfi ausnahmsweise die Erlaubnis, bei dem Konzert mitzumachen.

Dieser letzte Streich von Wolfi lässt seinen Dienstherrn vor Wut fast explodieren – er hat genug von diesem Tastenklimperer, der sich aufspielt. Auf der Stelle schickt er ihn nach Salzburg zurück, Schluss mit Wien! Nur will Mozart natürlich nicht zurück auf den Todesstern. Er ist ein Jedi, das weiß er jetzt ☺!

Sofort schlägt sich Darth Leopold auf die Seite Colloredos und verlangt von seinem Sohn brieflich, zu gehorchen. Er kennt nur eine Angst, nämlich dass Wolfi seine Stelle verliert und auf seine Kosten lebt. Außerdem fürchtet er, der Erzbischof könne Wolfi zu einer deutlich härteren Strafe verurteilen, als in den Schoß der Familie zurückzukehren. Es sind schon Dienstboten wegen Ungehorsams im Gefängnis gelandet!

Zu dem von Colloredo festgesetzten Zeitpunkt ist Mozart immer noch in Wien. Sofort wird er zum Chef zitiert und kassiert eine Abreibung, gegen die ein Anpfiff von meinem Schulrektor ein Witz ist! Der Fürst nennt ihn einen „verdorbenen Schlingel“. Natürlich hat er inzwischen gehört, in welchem Maße Wolfi den Münchner Karneval genossen hat.

Aber jetzt muss er gehorchen: Er soll die Stadt noch heute verlassen und nach Salzburg zurückkehren.

Das lässt der Schlingel sich nicht zweimal sagen. Er verlässt das Palais, in dem Colloredo residiert … und nimmt sich ein Zimmer in der Stadt! Das passt gut, denn Frau Weber, die Mutter von Aloisia, hat gerade eins zu vermieten. Wolfi kann seine Schöne nicht vergessen, obwohl sie ihm so wehgetan hat, und hat deshalb nichts dagegen, Kontakt zur Familie seiner unglücklichen Liebe zu suchen. Aber das Köstlichste ist und bleibt natürlich, Colloredo noch wütender zu machen, indem er ihm ein weiteres Mal nicht gehorcht.

Mozart wird vorgeladen, und Colloredo flippt aus: Er beißt in seine Perücke, stampft mit den Füßen, wälzt sich auf dem Boden. Amadeus ist ein „verlauster Bettler“, ein „Idiot“. Wolfi bleibt ruhig, blickt ihm fest in die Augen und sagt …

Der Moment ist historisch, weil zum ersten Mal in der Geschichte der Menschheit ein Künstler zu einem Fürsten sagt: „Lass mich zufrieden!“ Das bedeutet eigentlich: „Ich bin genauso viel wert wie Sie, Sie sind nichts Besseres, und Sie entscheiden nicht darüber, was ich aus meinem Leben machen werde.“ Er sagt: „Ich bin frei.“

Zack – einfach so! Mir jagt das einen Schauer über den Rücken, euch nicht? Und Fürst Colloredo, der sich für so wichtig hielt, ist heute nur noch als Mozarts bösartiger Dienstherr bekannt. Geschieht ihm recht!

Allerdings ist die Geschichte damit noch nicht ausgestanden. Am Ende tritt man Wolfi in den Hintern und wirft ihn aus dem Palais . Ein Graf Arco, der dem Personal des Fürsten vorsteht, erledigt das. Denn natürlich kommt es für Colloredo nicht infrage, seinen Schuh in den Hintern von jemandem zu rammen, der weniger als nichts wert ist!

Und so befreit sich der Jedi aus den Klauen des bösen intergalaktischen Herrn. Er muss nicht mehr auf den Todesstern zurückkehren und bleibt als freier Mann in Wien. Frei vielleicht, aber auch stehend, denn sitzen kann er gerade nicht …

Bis bald bei einer neuen Folge! Das war Esther mit „100% Wolfi". Befreit euch, löst euch, sprengt eure Ketten, aber:

Macht es musikalisch!

Folge SECHS

Wien, Constanze und Bach: Liebe, Liebe, Liebe

Hallo zusammen! Ich bin's, Esther, Star der Sendung „100% Wolfi“ und Königin der Bescheidenheit. Heute wird es um Liebe gehen, ♡ Liebe ♡ und nochmals Liebe! ♡ Mozarts zweites Lieblingswort gleich nach „Kot“. Er schwört auf nichts als auf die Liebe. Schon als ganz kleiner Junge fragte er seine Amme, ob sie ihn lieb habe. Und wenn sie, um ihn zu necken, mit Nein antwortete, fing er prompt an zu weinen, und seine Amme musste ihn trösten.

Sie hieß Andreas und er liebte sie. Ich frage mich ja, ob sie nicht ein bisschen pervers war, wenn sie so gern mit den Gefühlen eines kleinen Jungen spielte!

Inzwischen ist Mozart erwachsen und kann seine Tränen zurückhalten (auch wenn Aloisia ihm vor nicht allzu langer Zeit das Herz gebrochen hat). Aber vor allem ist er frei – ohne Chef und ohne Papa Leopold, der ihm auf die Füße tritt. Und das nutzt er aus:

Wien ist damals die Hauptstadt des supermächtigen Heiligen Römischen Reiches, das neben Deutschland auch Österreich, Tschechien, die heutigen Niederlande, einen großen Teil Polens und so gut wie ganz Belgien umfasst. Man trifft dort auf Leute aus Nord und Süd, Ost und West. Zu Wolfis Zeiten ist Wien wie New York!

Hier liebt man vor allem zwei Dinge – Partys und Musik! Zwei ganz große Leidenschaften von Wolfi, von daher passt es also. Was die Musik betrifft, finde ich das ja okay, aber die Partys? Ich weiß nicht … Wenn ich mir die Partys der Erwachsenen so ansehe, möchte ich lieber rückwärts den Mount Everest besteigen, als mir das anzutun! Die fressen sich mit Erdnüssen voll, und dabei reden sie über all die ungesunden Sachen, die im Essen drin sind! Ernsthaft – haben die keine anderen Gesprächsthemen? Wenn Amadeus durch die Gärten Wiens spaziert und dabei ein bisschen von dem feinen Gebäck nascht, für das die Stadt berühmt ist, sagt er sich ja auch nicht, dass er sich gerade mit Zucker vollstopft, der schlecht fürs Cholesterin ist. Nein, er genießt eine Kleinigkeit, bevor er ins Theater geht. Für ihn ist das Glück. Endlich verkehrt er mit kultivierten Leuten und zahlreichen Musikern. Wolfi fühlt sich zu Hause und nicht wie in Salzburg, wo er immer das Gefühl hatte, eine zu kleine Badekappe zu tragen, die ihm bis über die Augen reichte.

Seit den Reisen seiner Kinderzeit ist Wolfi immer wieder auf Leute gestoßen, die auf eine neuartige Art denken. Sie sind Anhänger der Aufklärung und stellen vieles in der Gesellschaft infrage, vor allem die Macht der Fürsten und der Kirche. Sie bekämpfen den Aberglauben und das, was sie als „Obskurantismus" bezeichnen, und treten für die Entwicklung der Wissenschaften und für Toleranz ein.

In Wien trifft man auf viele davon, und Mozart beginnt, mit ihnen zu sympathisieren. Schon bald teilt er ihre Ideen, und das wird sich auch in seiner Musik bemerkbar machen.

Aber noch fühlt sich alles leicht und schön an! Wolfi amüsiert sich, er küsst seine Nachbarin, ohne rot zu werden ... Aber das wird noch Folgen haben! 😉

Zur Erinnerung: Nachdem Mozart das Palais von Colloredo verlassen hatte, mietete er ein Zimmer bei der Mutter von Aloisia – ohne Zweifel aus Sehnsucht nach seiner Verflossenen. Aloisia lebt nicht mehr dort, sie hat inzwischen sogar geheiratet und wohnt in Wien: Die Sache ist also gegessen. Mit ihr wird er auf keinen Fall mehr die vollkommene Liebe erleben. Und doch zieht er genau in dieses Haus, das übrigens „Zum Auge Gottes" heißt – sowas kann man nicht erfinden!

Aloisias Mutter, Frau Weber, ist Witwe, hat nicht viel Geld und sorgt sich um ihre Zukunft. Zwar ist die älteste Tochter verheiratet, aber es sind noch drei weitere unter die Haube zu bringen, und sie hofft, durch deren gute Heiraten für ihr Alter vorsorgen zu können. Da hat sie eine Idee! Ist dieser Mozart nicht ein vielversprechender junger Musiker? Gut, er hat gerade seine Stellung verloren, aber jemand mit seinem Talent wird sicher reich werden. Sie muss es also nur hinkriegen, dass dieser etwas naive Junge sich in eine ihrer anderen Töchter verliebt. Wenn nicht, wird sie eben nachhelfen. Und so richtet sie es ein, dass ihr Mieter häufig Aloisias kleiner Schwester **Constanze** über den Weg läuft. Die ist 18 Jahre alt. Zwar hat sie nicht die Stimme ihrer Schwester (alle Weber-Töchter können singen), und sie ist auch nicht ganz so hübsch – das sage nicht ich, das sagt Wolfi. Doch eine gewisse Leichtigkeit liegt in der Luft, und die beiden jungen Leute erlauben sich ein Küsschen hier und ein Küsschen da.

Und zack – schnappt die Falle zu. Frau Weber schickt

Herrn Thowart, einen Bekannten, zu Mozart, um ihm ins Gewissen zu reden. Stell dir vor, du bist in der Oper, und Akt 2 beginnt:

THOWART: Du musst Constanze heiraten, es geht um ihre Ehre!

WOLFI: Aber, aber, nur ein Küsschen hierhin, nur ein Küsschen dorthin ...

Der CHOR *(aus dem Hintergrund)*: Hierhin, dorthin, hierhin, dorthin, ein Küsschen hierhin, ein Küsschen dorthin!

THOWART: Na, na, na! Bist du ein Ehrenmann? *(Der arme Wolfi nickt.)* Heißt das „ja"? (*Wolfi nickt noch immer.)* Bist du sicher, dass das „ja" heißt?

WOLFI (*heftig)*: Ja, ich bin ein Ehrenmann!

THOWART: Na, na, na! Du bist also kein Mädchenverführer? *(Wolfi schüttelt den Kopf.)* Heißt das „nein"? (*Wolfi schüttelt noch immer den Kopf.)* Bist du sicher, dass das „nein" heißt?

WOLFI *(heftig)* : Nein, ich bin kein Verführer!

Der CHOR *(aus dem Hintergrund)*: Er sagt ja, er sagt nein, er sagt ja, er sagt nein. Die Falle schnappt zu!

THOWART *(zieht ein Stück Papier aus der Tasche)*: Wenn du ein Ehrenmann bist und kein Verführer, dann unterschreibst du diesen Vertrag und heiratest Constanze.

Der CHOR *(aus dem Hintergrund)*: Er sagt ja, er sagt nein, er sagt ja, er sagt nein. Die Falle schnappt zu!

Ende – der Vorhang fällt.

Mozart fühlt sich in die Ecke gedrängt, aber er kneift nicht und unterschreibt den Vertrag. Er hat drei Jahre Zeit, um Constanze zu heiraten und so ihre Ehre zu retten. Wenn er es nicht tut, schuldet er Frau Weber 300 Gulden! Aber darum geht es Constanzes Mutter ja gar nicht. Sie will ihre Tochter verheiraten, kein Geld eintreiben. Sie tut so, als würde sie Thowart nicht kennen, als wäre die ganze Sache mit dem Vertrag eine lächerliche Angelegenheit, als hätte sie vollstes Vertrauen zu Wolfi … und zerreißt das Papier vor seinen Augen! Der junge Mann bemerkt nichts. Diese Frau muss wirklich ein guter Mensch sein und ihre Tochter daher auch. Also heiratet er sie sofort. Und damit sind die Würfel gefallen: Was für eine Intrigantin! Aus dieser Geschichte, die einer Oper würdig wäre, ergibt sich eine Frage: Liebte er Constanze oder nicht? Und liebte Constanze ihn? Oder war sie auch nur ein Spielzeug ihrer Mutter?

So leidenschaftlich wie ihre große Schwester liebt er sie wohl nicht. Aber er macht ihr in seinen Briefen immer wieder Komplimente, und wir wissen, dass er ihr gegenüber sehr aufmerksam war. Sie werden sechs Kinder haben. **Sechs!** Allerdings werden nur zwei Söhne das Erwachsenenalter erreichen. Damals war es keine Seltenheit, dass Kinder jung an Krankheiten oder mangelnder Hygiene starben. Übrigens hatte keiner der Söhne (beides Musiker) eigene Kinder. Es gibt heute also keine direkten Nachfahren unseres Genies.

Diese etwas „erzwungene“ Heirat macht Leopold übrigens wahnsinnig wütend! Schon von Wolfis Kündigung war er nur mäßig begeistert gewesen. Und jetzt heiratet sein Sohn und teilt es ihm erst hinterher mit! Das belastet ihre Beziehung zusätzlich. Trotz aller Versöhnungsversuche werden Wolfis Vater und Schwester Constanze niemals akzeptieren.

In Wien kursieren neue Ideen, wir sprachen schon darüber. Ein Denker der Aufklärung wird einen besonderen Einfluss auf Mozart haben. Er heißt **Gottfried van Swieten**.

Er ist in Holland geboren, sein Vater war Arzt und hat viel für die moderne Schulmedizin geleistet (man darf nie vergessen, dass es zu der Zeit schwer war, echte Ärzte von Scharlatanen zu unterscheiden). Er hat sogar die Vampire besiegt … indem er bewies, dass sie nicht existieren. Gottfried übernimmt die modernen Ideen von seinem Vater, aber er ist kein Wissenschaftler. Er wird Diplomat und später in Wien Leiter der kaiserlichen Bibliothek (übrigens eine der schönsten Bibliotheken der Welt, schau sie dir mal im Internet an, es lohnt sich).

Vor allem aber begeistert sich Gottfried für die Musik. In seiner Freizeit komponiert er selbst – immerhin drei Opern und zehn Sinfonien! Aber nicht deshalb freunden Mozart und er sich an.

Es geht vielmehr darum, dass Gottfried Partituren von Alter Musik sammelt. Damals ist das etwas ganz Neues. Heute wird ja alles archiviert, und man kann Musik aus der ganzen Welt und aus allen Epochen hören. Du gehst einfach ins Internet, und schon kannst du Musik von vor zehn Jahren, von vor hundert Jahren und sogar von vor tausend Jahren hören! Keine Aufnahmen von damals natürlich, aber Leute, die gregorianische Gesänge wie vor 1000 Jahren singen – kein Problem!

Aber zu Wolfis Zeiten sieht das ganz anders aus. Die Musik wird für den Moment geschrieben, man spielt sie und vergisst sie gleich wieder. Stücke von vor 10 oder 20 Jahren interessieren niemanden mehr. Um nochmal auf die Partys der Alten zurückzukommen: Kaum haben die Erwachsenen was getrunken, schwingen sie die Hüften zu alten Hits aus den Neunzigern. Diese Art des lächerlichen Benehmens gab es zu Mozarts Zeiten nicht! Urteile selbst, wie sich die Menschheit seitdem entwickelt hat!

Aber zurück zu Gottfried van Swieten. Der Typ sagt sich also, dass es eigentlich ziemlich schade ist, dass man nichts von dem hören kann, was früher so gespielt wurde. Und so ist er es, über den Wolfi auf Händel stößt, der 25 Jahre zuvor gestorben ist.

Vor allem aber hört er zum ersten Mal die Musik von **Johann Sebastian Bach**, dem Vater seines

Freundes Johann Christian. Und was die Bezeichnung „Wunderkind“ angeht, so kann der es auf jeden Fall mit Mozart aufnehmen. Nur dass niemand mehr die Musik von Bach hören will, denn sie gilt als hoffnungslos überholt.

Jedenfalls niemand außer van Swieten. Der ist nämlich verrückt nach Bach und will alles besitzen, was der Maestro je geschrieben hat. Wolfi liest die Partituren, hört die Musik in seinem Kopf (so ist das bei Mozart nämlich: Er muss ein Stück gar nicht anhören, um zu wissen, wie es klingt) und kann es gar nicht fassen. Er fühlt sich wie ein Versager! Um ehrlich zu sein, ist ihm sowas noch nie passiert. Sicher, er mag die Musik von Johann Christian und noch mehr die von Jo-

seph Haydn. Ihm gefällt auch vieles andere, was seine Zeitgenossen so komponieren, aber er sagt sich immer: „Das hätte ich auch gekonnt.“ In diesem Fall nicht.

Er hat die 25 überschritten und ist kein junger Padawan mehr, sondern ein echter Jedi, der die ganze Kraft der Musik beherrscht … zumindest dachte er das bis jetzt. Er muss sich setzen, die Perücke abnehmen und sich damit Luft zufächeln. **Johann Sebastian Bach** schreibt die kunstvollste gelehrte Musik, die es gibt, und dabei klingt sie nie spröde. Er verbindet sie mit einem Gefühls- und Erfindungsreichtum ohne Grenzen. Er ist ein Meister der Fuge und beherrscht damit eines der schwierigsten Kompositionsverfahren.

Von Stund an ist Wolfi ein absoluter Fan. Jeden Sonntag trifft er sich mit anderen Musikern bei van Swieten, und dann spielen sie zwei Stunden lang nichts als Bach oder Händel. Auch er fängt damit an, Partituren zu sammeln, vor allem von Fugen. Und er versucht, selbst welche zu komponieren. Zum ersten Mal macht ihm etwas wirklich Mühe. Seine ersten Versuche klingen angestrengt und akademisch. Er, Wolfi, der sich in seiner Musik immer so elegant und flüssig ausdrückt, schafft es nicht, die Noten aneinanderzureihen. (Genau wie ich, wenn ich in Englisch was vorlese: Die Wörter stehen da, aber ich verstehe kaum, was ich da erzähle.) Vor lauter Ärger gibt er die meisten Versuche mittendrin auf. Zwar hat er bei Padre Martini ein bisschen gelernt, aber das reicht nicht, um an das Niveau eines Johann Sebastian heranzukommen.

Nach und nach lernt er aber doch die Technik, wird geschmeidiger und kann schon bald selbst kontrapunktisch komponieren wie Johann Sebastian … oder besser: Er kann kontrapunktisch komponieren wie Mozart! Also auf seine Art. Einzigartig!

Hör dir nur mal die Messe in c-Moll an, die er seiner jungen Frau Constanze widmet und die im Vorspann zu dieser Folge schon mal aufgetaucht ist. Die stammt aus dieser Zeit. Du kannst den Kontrapunkt mehrmals hören, besonders am Beginn des „Gloria“ (dem zweiten von insgesamt fünf Stücken in diesem Werk).
Gib mir meine Kopfhörer wieder! Ich komm mir ganz nackt vor!

Bei Mozart klingt der Kontrapunkt nur diskret durch und erinnert an die galante Musik. Manchmal können nur erfahrene Musiker ihn heraushören. Du selbst findest das einfach nur schön, liegst mit Kopfhörern auf dem Bett und machst dir nicht einmal bewusst, dass das, was du da hörst, eine wahnsinnig komplexe Musik ist und dass die Melodien der einzelnen Instrumente so eng miteinander verzahnt sind, dass man schon ein extrem guter Komponist sein muss, um daran nicht zu scheitern. Und deshalb ist für mich **Wolfi einfach der Beste!** ☆☆☆

Du kannst natürlich auch Johann Sebastian Bach hören, der ist auch super! Das ist eine ganz tolle Musik, jede Note ist an ihrem Platz, und seine Stücke wirken vollkommen. Bach liebt das Schöne, das Große, das Harmonische! Und das feiert er in seiner Musik. Durch sie sagt er: „Wie schön ist doch das Universum! Welche Ausgewogenheit, welche Größe, welche Harmonie!" Auch bei Wolfi ist jede Note an ihrem Platz, und auch seine Stücke wirken vollkommen. Aber er liebt das

Menschliche, die Aufklärung, die Freundschaft und die Liebe. Und genau das drückt seine Musik aus:

„Es lebe der Mensch! Es lebe das Wissen! Es lebe die Freundschaft und vor allem die Liebe, die Liebe, die Liebe!“ ♡

Es ist auch nicht verboten, alle beide zu hören – im Gegenteil! In der Musik von Rangfolge und Wettstreit zu reden, ist genauso lächerlich wie sich darüber zu streiten, was besser ist – Lachsröllchen oder Nachos mit Käse.

Lächelt (mit Rossini oder Louis Armstrong), hüpft in alle Richtungen (mit Strawinsky oder den Sex Pistols) und schluchzt (mit Chopin oder Adele), aber:

Macht es **musikalisch!** ♪

Die Tutorials von Pizzicato

Il filo

Mozarts große Stärke

Pizzicato ist unauffindbar! Sobald er die Kamera sieht, versteckt er sich. Man könnte fast meinen, er möchte sein Tutorial nicht abhalten! Allerdings habe ich das hier neben seinem Katzenklo gefunden.

Das müsste reichen, um diese Folge zu beenden. Heute hatte Pizzicato offensichtlich vor, über das zu sprechen, was Leopold Mozart *il filo*, nennt, auf Deutsch: der Faden. Soll heißen: die Art, wie sich die musikalischen Ideen in einem Stück aneinanderreihen. Der gedankliche Faden sozusagen. Und auf dem Gebiet ist Wolfi einfach der Beste.

Bei ihm gehen die musikalischen Elemente auf natürlichste Weise ineinander über. Man hat nie den Eindruck, sei wären aneinandergeklebt, sondern ein Motiv geht ganz selbstverständlich aus dem anderen hervor. Und das gelingt ihm über ziemlich lange Strecken: über Sätze von oft mehr als zehn Minuten Länge oder sogar ganze dreistündige Opern! Man hat immer den Eindruck, seine Musik sei ein großes Ganzes, aus dem nichts entfernt werden darf. Alles wirkt ganz einfach (denn das ist das Ziel), aber es ist sehr schwer herzustellen!

Vor der Epoche der Klassik (also vor Mozart) funktionierte die Musik so ähnlich wie die Malerei. Mithilfe eines bestimmten Motivs wurde ein entsprechendes Gefühl praktisch „gemalt“: Freude, Trauer, Melancholie, Begeisterung … Und jeder Satz eines Werkes bildete ein anderes Gefühl ab. Doch in der Klassik (und besonders bei Mozart) nähert sich die Musik dem Theater an! In nur einem Moment wird aus Sicherheit Zweifel, aus Sorglosigkeit Angst. Und Wolfi kriegt das hin – dank seines *filo*. Bei ihm hat es den

Anschein, als würde er uns eine Geschichte erzählen, in der oft Ausdrücke wie „plötzlich“, „also“, „auf einmal“, „jedoch“, „aber dann“ vorkommen.

Hierzu ein Beispiel aus der Partitur, die Pizzy uns dagelassen hat. Ihr müsst dafür keine Noten lesen können: Man kann den *filo* auch so erkennen!

Dies ist der Beginn einer Klaviersonate (Nr. 17, hör sie dir ruhig mal an). In der ersten Zeile steht das, was die rechte Hand spielt, in der zweiten das, was die linke Hand spielt. Pizzy hat alle Motive einzeln umrandet, sodass du siehst, wie sich alles ständig ändert!

Auch wann man keine Noten lesen kann, stellt man fest, dass Motiv **A** mit Motiv **B** überhaupt keine Ähnlichkeit hat. Dasselbe gilt für Motiv **B** und Motiv **E.** Mozart reiht die Motive nicht einfach so aneinander ohne nachzudenken, denn dann hätte man nicht dieses Gefühl der Einheit, das sich einstellt, wenn man seine Musik hört. Er ist viel schlauer! Er wiederholt Dinge so wie sie sind oder mit Variationen. Man sieht zum Beispiel, dass Motiv **B** zweimal vorkommt, ebenso wie die Motivfolge **E** und **F.** Über das ganze Stück hinweg präsentiert uns Mozart neue Motive, indem er bereits gehörte Motive wiederholt – manchmal verändert und manchmal unverändert. Und daraus ergeben sich jede Menge Möglichkeiten! Auf diese Weise kann er uns wirklich eine Geschichte „erzählen“. Schon in 20 Sekunden kommt er auf acht verschiedene Motive, und dieser Sonatensatz dauert länger als acht Minuten!

Ein weiteres berühmtes (und ebenfalls aus der Klassik stammendes) Beispiel für den *filo* ist die

*Marseillaise**. Sing sie mal im Kopf (oder höre sie dir an) und pass dabei genau auf. Du wirst sehen, dass sich die Melodie bei jedem Satz im Text ändert. Der Ton ist zunächst **kriegerisch** („♩ Allons enfants de la patrie, le jour de gloire est arrivé"), später dann **beunruhigend** („♩ Entendez-vous dans les campagnes, mugir ces féroces soldats"), geradezu **dramatisch** („♩ Ils viennent jusque dans vos bras, égorger vos fils, vos compagnes") oder **explosiv** („♩ Aux armes citoyens, formez vos bataillons!"). Ein ziemlicher Kraftakt das Ganze, aber nur wenige Stücke haben einen solchen *filo*!

Bis bald bei einem neuen Tutorial von Pizzicato … und dann auch wieder mit Pizzicato! ☺

* die französische Nationalhymne

Folge 7

Zu viele Noten, mein lieber Mozart!

Buongiorno! Das kann ich auf Italienisch sagen. Hier ist Esther mit der Sendung „100% Wolfi“, und seit ich ein Fan von Wolfgang Amadeus Mozart (alias Wolfi) bin, bedaure ich, dass ich kein Italienisch kann. ☹ Aber heute werden wir eh Deutsch sprechen, oder besser singen!

Denn unser Held wird endlich das Singspiel seiner Träume schreiben.

Wo waren wir stehen geblieben? Ach ja. Wolfi lebt jetzt in Wien – endlich ist er seinen Boss los, den schrecklichen Colloredo. Er entdeckt Johann Sebastian Bach und lernt zum letzten Mal in seinem Leben etwas über Komposition. Und er hat Constanze geheiratet.

Also alles bestens, oder? Außer dass er kein Geld hat. Zu kündigen ist ja schön und gut, aber was soll er jetzt tun?

Er findet ein paar Schüler (nicht viele), aber Musikstunden zu geben ist ihm noch immer zuwider. Er bietet einige Werke zum Verkauf an, aber das reicht nicht für ein Leben in Wien, wo alles teuer ist. Er hofft auf Aufträge, doch nach der Sache mit seinem früheren Chef sind die Kunden zurückhaltend. Zu Wolfis Glück ist gerade ein neuer Kaiser an die Macht gekommen.

So neu nun auch nicht. **Joseph II.** ist 40 Jahre alt und teilt sich seit 15 Jahren die Macht mit seiner Mutter. Was so viel heißt wie: Sie entscheidet alles und er gibt sich damit zufrieden, zu lächeln. Das fasst es ganz gut zusammen.

Allerdings ist Frau Mama gerade gestorben, und der Kaiser kann endlich so regieren, wie er es für richtig hält.

Was er vor allem will, ist mehr Einheitlichkeit für sein Reich, das wie ein Puzzle aussieht. Und er hat auch schon eine Idee: Er will die deutsche Sprache fördern, damit alle Untertanen einander verstehen und damit Deutsch eine ebenso wichtige Sprache wird wie Französisch (zu der Zeit war Englisch noch nicht die Universalsprache, die es heute ist, sondern Französisch).

Auch fördert er die deutsche Kunst, zu der auch Opern auf Deutsch gehören, Singspiele eben. Deshalb entscheidet der Kaiser, dass am Wiener **Burgtheater** nur noch Opern in dieser Sprache aufgeführt werden sollen. Zunächst werden fremdsprachige Texte übersetzt, doch der Kaiser hätte gern Originalwerke. Also vergibt man einen Auftrag an Wolfi!

Davon hat er seit Jahren geträumt! Wenn ihr euch erinnert – er hatte sich mit *Zaïde* schon einmal an einem Singspiel versucht, als er noch in Salzburg lebte, es aber nicht vollendet. Er wird sich jedoch von diesem ersten Versuch inspirieren lassen und sogar einige Stücke aus der ersten Oper in die zweite übernehmen. Die beiden Geschichten ähneln sich: Christliche Sklaven versuchen, einem muslimischen Herrscher zu entfliehen. Denn Turquerien sind gerade groß in Mode!

Tatsächlich regt der Orient zum Träumen an – als Welt der Sultane, der Harems und der Flaschengeister. Alle Welt (darunter auch Wolfi) begeistert sich für die Märchen aus *1001 Nacht,* und viele Künstler widmen sich dem Thema in der Malerei, der Literatur und der Musik. Ein bisschen wie mit den Superhelden, von denen heute auch alle vierzehn Tage ein neuer Film in die Kinos kommt.

Doch so viel sei gleich gesagt: Es handelt sich hier um einen Orient, der nichts mit der Realität zu tun hat! Alles vermischt sich, man verwechselt die Türken mit Persern oder Indern. Schon einige Jahre zuvor hatte Wolfi seinen *Türkischen Marsch* geschrieben (sehr berühmt, kennst du bestimmt). Die Musik ist sehr mitreißend, hat aber nichts mit echter orientalischer Musik zu tun!

Für die Komposition der *Entführung aus dem Serail* braucht Mozart wenig mehr als ein Jahr.

Wie schon bei *Idomeneo* verlangt er vom Librettisten, der für das Szenario und für die Liedtexte zuständig ist, viele Änderungen, und ebenfalls wie

bei *Idomeneo* hängt er sich voll in die Arbeit rein. Zu dieser Zeit schreibt er seinem Vater (sie mögen zwar miteinander böse sein, aber sie schreiben sich noch immer häufig): "*In einer Oper muss die Poesie die gehorsame Tochter der Musik sein.*" Das ist nicht selbstverständlich, denn viele Librettisten sind der Meinung, die Musik diene dazu, den Text aufzuwerten, nicht umgekehrt!

Das Singspiel ist ein neues Genre und viel weniger reglementiert als die italienische Oper. Daher kann sich Wolfi ein paar Freiheiten erlauben. In einer italienischen Oper wechseln sich zwei Arten von Gesangsstücken ab – die **Rezitative** und die **Arien**.

A In den Rezitativen wird so gesungen wie man spricht, mit derselben Intonation. Der Redefluss ist derselbe, und die Melodie ist sehr einfach, sodass man die Worte gut verstehen kann. In den Rezitativen kommt die Handlung voran. Es passiert was! Und das ist dann so ähnlich wie im

Sprechtheater. Kleines Beispiel mit meiner Mama als Sopran und Bruno als Tenor.

Mama: Bruno, mein Liebster, was sehe ich in deinem Bart?

Bruno: Was sagst du, meine Süße? Sprichst du von diesem kleinen Krümel?

Mama: Dieser kleine Krümel, mein Schöner, ist nicht allein, ich sehe hundert davon!

Bruno: Meine Libelle, ich gestehe, ich gestehe! Ich habe den letzten Nacho gegessen!

Mama: Schluss mit den Nachos, Schluss mit dem Käse. Heute Abend, mein Ritter, wirst du uns einen Gurkensalat bereiten.

Die Handlung kommt voran, Mama macht eine Entdeckung (Bruno hat Krümel im Bart), und ein für den weiteren Verlauf der Geschichte wichtiges Ereignis wird angekündigt (heute Abend Gurkensalat). Da seht ihr – das ist doch ein ganz normaler Dialog, wie man ihn auch im wahren Leben hören könnte. Denn ich schwöre euch: Sie geben sich wirklich so debile Kosenamen, und das nervt ohne Ende! Ein Rezitativ ist also ein Dialog, aber ein gesungener.

Und dann gibt es die **Arien**.

B **Eine Arie gibt den Seelenzustand einer Figur wieder.** Dabei kommen die Fähigkeiten des Sängers oder der Sängerin zur Geltung. Die Stimme steigt ganz hoch oder senkt sich ganz tief. Manchmal muss man *superschnell* singen, manchmal murmeln und manchmal seine ganze Kraft aufbieten. Kurz gesagt geht es hier um Virtuosität. Virtuosität bedeutet, dass etwas schwer zu singen ist (oder zu spielen, denn das Gleiche gilt für Pianisten oder Geiger). Deshalb versteht man den Text oft weniger gut, aber das ist in dem Fall nicht so wichtig. Was zählt, ist der Klang. Während der Arien ist die Zeit aufgehoben, sie sind wie Zwischenspiele ohne Handlung. So könnte zum Beispiel eine Arie von Bruno aussehen:

So viel zur italienischen Oper.

Im Singspiel ist alles etwas einfacher. Die Arien bleiben erhalten, aber die Rezitative fliegen raus und werden durch gesprochene Dialoge ersetzt, wie im Theater.

Dadurch kommt die Handlung schneller voran (denn man spricht schneller als man singt). Wolfi nutzt das zum Experimentieren: Manchmal sprechen die Figuren zur Musik (er liebt die Wirkung, die dabei entsteht), und er kreiert sogar eine Figur, die nur spricht keine Note singt – den Pascha! Aber vor allem treibt er seine Späße mit Osmin, dem Bösewicht in der Geschichte: Er zieht ihn ins Lächerliche. Wenn er Angst hat, wird sein Gesang stammelnd; wenn er betrunken ist, singt er in einem zögerlichen Rhythmus und macht absurde Stimmübungen!

Die Entführung aus dem Serail ist eine Komödie, aber das hindert Wolfi nicht daran, einige Arien einzubauen, bei denen ich mich fühle wie damals, als ich Pizzicato zum ersten Mal sah: so klein und süß … Nur dass man die Arie der Konstanze im zweiten Akt immer wieder hören kann, ohne dass daraus ein riesiger Fettkloß wird, der überall seine Haare lässt. Wolfi liebt diese Mischung der Gattungen – wenn etwas zuerst lustig ist und man eine Minute später nur noch weinen möchte. Aber er macht noch etwas viel Besseres! Neben den **HA, HA, HA-** und den **SCHNÜFF, SCHNÜFF-**) Momenten baut er auch nachdenkliche Momente in die Oper ein!

Das muss ich erklären: Die Aufklärung geht davon aus, dass jenseits der Religionen und Kulturen alle Menschen Brüder sind. Zu einer Zeit, in der man die Sklaverei praktizierte und Adlige allein aufgrund ihrer Geburt als überlegen galten, war es nicht selbstverständlich, anzuerkennen, dass alle Menschen den gleichen Wert haben. Doch neben vielen anderen verteidigt auch Mozart diesen Gedanken – und zwar

mithilfe der Geschichte, die er erzählt.

In der Oper ist Belmonte Spanier (also Katholik), Blonde ist Engländerin (also Protestantin), und Selim ist Türke (also Muslim). Und sie alle sind auf ihre Weise positive Figuren. Belmonte ist heldenhaft und bereit, sich für Konstanze zu opfern. Blonde ist mutig und entschlossen. Und Selim ist großherzig. Wolfi will damit zeigen, dass Herkunft, Kultur oder Religion wenig zählen – jeder ist fähig, ein guter Mensch zu sein.

Und auch dieser Gedanke ist neu: Der Pascha ist das, was man damals einen „aufgeklärten Despoten" nennt. Das heißt, dass er – obwohl König – die Ideen der Aufklärung billigt. Er richtet seine Politik an diesen modernen Ideen aus. Er handelt gerecht, wenn er den

Fremden die Freiheit schenkt (weil sie gut sind) und den Türken einsperrt (weil er böse ist). Er weiß auch, dass er einen Krieg heraufbeschwört, wenn er sich an seinem Feind rächt. Also geht er mit Ruhe vor und macht der Gewalt ein Ende. Das hat Klasse! Wir schreiben das Jahr 1782, sieben Jahre vor der Französischen Revolution. Noch kann sich niemand vorstellen, dass man schon bald den König von Frankreich enthaupten wird! Die Partisanen der Aufklärung glauben, dass man zur Verbesserung der Zustände die Herrscher bilden muss, anstatt sie sich vom Hals zu schaffen.

Die Entführung aus dem Serail soll also bald aufgeführt werden, da spinnen plötzlich ein paar Leute eine Intrige gegen die Oper mit dem Ziel, dass die Premiere nicht stattfindet. Die Gründe dafür sind zum Teil musikalischer Art: Einige Musiker fürchten, dass Wolfi ihnen aufgrund seines Talents die Gunst des Kaisers streitig machen wird, andere schwören auf die italienische Oper und haben etwas gegen Opern auf Deutsch. Doch es gibt auch politische Gründe: Denn wer sich gegen *Die Entführung aus dem Serail* stellt, widersetzt sich auch dem Vorhaben Josephs II., sein Reich mithilfe der deutschen Sprachen zu einen.

Einige Tage vor der Premiere fürchtet Wolfi, dass die Vorstellung abgesagt wird! Doch Joseph II. persönlich setzt sich für die Aufführung ein. Er sitzt in der ersten Reihe, als sich der Vorhang hebt, und applaudiert, als er wieder fällt.

Die Entführung aus dem Serail ist noch moderner und neuartiger als *Idomeneo.*

Doch als Joseph II. Mozart gratuliert, sagt er den berühmt gewordenen Satz:

Es ist nun nicht so, dass Joseph II. Wolfis Musik zu kompliziert findet – er selbst ist Musikliebhaber und weiß Mozarts Talent durchaus zu schätzen. Er fürchtet jedoch, dass die Oper zu schwer ist, um dem Volk zu gefallen.

Da irrt er sich allerdings! *Die Entführung aus dem Serail* ist ein Erfolg. Zur zweiten Aufführung erscheinen die Gegner der Oper und machen während des gesamten ersten Akts Lärm, um die Musik zu ruinieren. Doch schon da protestieren etliche Zuschauer und antworten mit Bravo-Rufen. Im zweiten Akt hört man dann nur noch Sympathiebekundungen: Die Zuschauer klatschen so lange, bis die Sänger einzelne Arien wiederholen! Am Ende des dritten Akts **ist der Triumph komplett!** ☆ ☆ ☆ Die Oper wird noch ein paar Mal in Wien aufgeführt und in den nächsten Jahren in zahlreichen deutschen Städten. Allen ist klar: *Die Entführung aus dem Serail* ist das erste Meisterwerk der Oper in deutscher Sprache.

Schon bald werden allenthalben verschiedene Klavierauszüge zum Kauf angeboten. Wenn er durch Wien spaziert, kann Wolfi hören, wie die Leute seine Melodien summen. Er wäre der glücklichste Mensch der Welt, wenn nicht ein Schatten auf sein Glück fiele: Trotz seines unglaublichen Erfolgs gratuliert Darth Leopold ihm nicht. Wolfis Vater ist noch immer verärgert und bringt noch nicht mal ein kleines *Bravissimo* über die Lippen. Ich persönlich finde das ja *nullissimo* von der Einstellung her!

Das war's für heute. Bis bald bei einer neuen Folge. Und bis dahin lacht, weint oder denkt nach, aber:

Macht es **musikalisch!**

DIE TUTORIALS VON PIZZICATO

Die Oper

Pizzy! Pizzy! Wo bist du denn?

Es ist zum Verzweifeln, aber Pizzicato ist nirgends zu finden. Er sollte jetzt eigentlich ein Tutorial über die Oper abhalten. Er hätte euch zum Beispiel erklärt, dass eine Oper eine Art gesungenes Theaterstück ist. Die Darsteller stehen in Kostümen und vor Kulissen auf der Bühne und singen ihre Texte. Und das Orchester, das sie begleitet, sitzt vor der Bühne in einem Graben. Eine Oper beginnt immer mit einer Ouvertüre, die das Orchester allein spielt, bevor sich der Vorhang hebt – so ähnlich wie der Vorspann bei einem Film. Ich liebe (natürlich) alle Ouvertüren von Wolfi. Unmöglich zu sagen, welche ich am liebsten mag!

Pizzy? Ich hab eine alte Dose Thunfisch für dich! Pizzy?

Wo zum Henker steckt der bloß? Wenn ich ihn nicht zu fassen kriege, kann er euch auch nicht erzählen, dass in der Oper manchmal die Zeit angehalten wird, sodass wir erfahren können, was eine Figur fühlt. Das nennt man eine Arie. Während einer Arie kommt die Handlung zum Stillstand. Davon haben wir schon in Folge Sieben gesprochen.

Na los, Pizzy! Komm her!

Du musst unseren Abonnenten den Unterschied zwischen einer *Opera* seria und einer *Opera* buffa erklären (das ist Italienisch). Wenn du ihnen nicht sagst, dass eine *Opera seria* eine ernsthafte Oper ist, in der ein Drama erzählt wird und in der Könige, Prinzessinnen und sogar Götter auftauchen, werden es unsere Zuschauer nie erfahren. Du musst ihnen auch erklären, dass eine *Opera buffa* (Buffo-Oper) eine komische Oper ist, in der auch Diener und Zofen und Leute von der Straße vorkommen.

Pizzy, jetzt werde ich aber ärgerlich!

Ich weiß, du wirst mir sagen, dass Wolfi gern und oft die Grenzen zwischen *seria* und *buffa* ignoriert, aber es ist doch auch wichtig, dass man die Dinge genau benennt, oder?

Okay, tut mir leid. Heute also kein Tutorial. Und das liegt an Pizzicato, der nie da ist, wenn man ihn braucht. Wenn ihr mehr über die Oper wissen wollt, müsst ihr euch selbst das Nötigste anlesen (es lebe Wikipedia!).

Da bist du ja, Pizzy!

Nur jetzt ist es zu spät. Bis zum nächsten Mal, Leute!

Voi che sapete che cosa è amor (Ihr, die ihr wisst, was Liebe ist), Arie des Cherubino (2. Akt in der Hochzeit des Figaro)

Folge 8

Warum nicht in Ziffern statt in Buchstaben?

Lorenzo da Ponte, der Abenteurer

Nochmals *Buongiorno*! In dieser Folge wird nicht auf Deutsch gesungen, sondern wieder auf Italienisch. *Mi chiamo* Esther, ihr schaut den Kanal 100% genial, und ich erzähle euch was über das Leben von:

Amadeo de Mozartini

Wolfis Pseudonym, als er mit 14 Jahren in Italien war

Unser Held/Genie/Wunderkind ist auf dem Gipfel des Ruhms angelangt. Mit der *Entführung aus dem Serail* hat er endlich Erfolg. Er hat Geld und zieht mit Constanze in eine luxuriöse Wohnung in Wien. Sie feiern ganze Nächte durch und veranstalten zu Hause sogar einen Kostümball, der erst am frühen Morgen endet.

Im Karneval verkleidet sich Wolfi als Harlekin. Er trinkt, spielt, tanzt, erfindet Lieder und kleine Theaterstücke. Zu seiner Clique gehören viele Musiker wie der italienische Komponist Paisiello oder der irische Sänger O' Kelly. Aber sprechen wir lieber über den, der mir am besten gefällt, weil er mich zum Lachen bringt: **Joseph Leitgeb**. Wie Mozart kommt auch er aus Salzburg. Er spielt ganz gut Horn, aber nicht gut genug, um davon leben zu können. Also eröffnet er ein Käsegeschäft!

Wolfi mag Joseph sehr, aber er macht sich manchmal über ihn lustig. Wenn er für ihn Partituren schreibt, kritzelt er in verschiedenen Farben Anmerkungen an den Rand wie: "Jetzt einatmen", "Du Armer", "Genug, genug", "Nur Mut" … oder andere Sachen, die ich hier nicht wiedergeben kann. Am Ende wird mein Video noch blockiert!

Eines Tages muss der arme Joseph sich sogar hinknien, damit Wolfi seine Partitur beendet … indem er ihm direkt auf den Rücken schreibt. Diese Art von Spielchen gefiel der kleinen Gruppe von Freunden, die sie damals waren, offenbar sehr. Ich selbst weiß ja nicht, was so lustig daran sein soll, seine Kumpel zu erniedrigen. Es kommt zwar selten vor, aber manchmal schafft es mein Held, mich zu enttäuschen.

MATTES

Ich würde nie auf die Knie gehen, nicht mal für ein Horn-Concerto von Mozart. Aber ich kann ja auch gar nicht Horn spielen.

Mozart macht also Party, aber er hört deshalb nicht auf zu arbeiten! Meistens nachts. Er hat ein paar Schüler mehr, komponiert viel und spielt auch.

Er gibt rund 20 Konzerte pro Monat und bietet auch kostenpflichtige Veranstaltungen an, bei denen er seine eigenen Klavierkonzerte aufführt (man nennt diese Abende „Akademien“). Er ist also Organisator, Komponist, Solist und Dirigent zugleich (zu der Zeit dirigierten die Solisten von ihrem Klavier aus).

Neben Partys, Unterricht und Konzerten hat Wolfi kaum noch Zeit zu komponieren. Glücklicherweise arbeitet er schnell. Die *Linzer Sinfonie,* eine seiner bekanntesten, schreibt er in nur vier Tagen! Ein anderes Mal, als er eine Sonate für Geige und Klavier abliefern soll, ist er so spät dran, dass er nur die Noten für den Geigenpart fertigstellen kann. Doch am Abend des Konzerts spielt er den Klavierpart aus dem Gedächtnis, ohne Partitur. Noch ein Beispiel dafür, dass Wolfi ein echtes Wunderkind ist!

Wie wir schon wissen, interessiert sich das Publikum zu Mozarts Zeiten nicht für ältere Stücke, sondern bei jedem Konzert muss neue Musik gespielt werden. Heute ist das eher umgekehrt. Wenn wir zu einem Konzert gehen, wollen wir das hören, was wir kennen. Wir wollen den Refrain mitsingen und alles gleich in die sozialen Netzwerke übertragen. Aber damals will man nur Neues, Neues und nochmal Neues! Sonst glaubt man, für sein Geld nicht genug zu bekommen.

In dieser Zeit macht Leopold einen Besuch in Wien. Er staunt: Der kleine Wolfi ist reich und berühmt; er führt ein aufregendes Leben. Der alte Mann fühlt sich unwohl. Er mag Constanze immer noch nicht, und er versteht auch seinen Sohn nicht mehr, der zwischen den Konzerten nicht aufhört zu schlemmen oder Billard zu spielen! Niedergedrückt fährt er nach Salzburg zurück. Leopold und Wolfgang werden sich nicht wiedersehen. Der Vater hat alles dafür getan, damit sein Wunderkind von Sohnemann der größte Musiker der Welt wird. Jetzt ist er es, aber glücklich scheint er darüber nicht zu sein.

Wolfi tritt den Freimaurern bei, einer Geheimgesellschaft, die in diesen Jahren immer mehr an Wichtigkeit gewinnt. Überall in Europa schließen sie sich in kleinen Gruppen (sogenannten Logen) zusammen. Sie verteidigen die Ideen der Aufklärung, d.h. sie treten für Wissenschaft, Toleranz und Brüderlichkeit ein, und sie praktizieren eigene Aufnahmerituale. Mozart nimmt das alles sehr ernst. Er schreibt sogar rund zehn Musikstücke speziell für seine Loge. Eines gefällt ihm besonders bei den Freimaurern: Alle Mitglieder sind gleichwertig. Er verkehrt hier mit Adligen, und endlich einmal haben sie nicht mehr Rechte als er.

Zwei Jahre sind seit der *Entführung aus dem Serail* vergangen, und Wolfi träumt von einer neuen Oper! Allerdings ist ihm klar: Diesmal wird es kein Singspiel werden. Denn außer dem *Serail* erwiesen sich alle anderen Opern auf Deutsch als Flops – auch wenn sie natürlich von Musikern stammten, die weniger brillant waren als er. Das Burgtheater nimmt italienische Opern wieder in sein Repertoire auf.

Mozart liest Dutzende Libretti, aber keins gefällt ihm. Doch dann passiert etwas Entscheidendes: Wolfi lernt den coolsten Typen der Welt kennen, **Lorenzo Da Ponte**, den Han Solo seiner Epoche! Der steuert nicht nur sein Raumschiff wie ein Gott durch den Hyperspace, sondern schreibt auch Opernlibretti.

Da Ponte ist gebürtiger Jude, aber er konvertiert mit 14 zum Katholizismus und wird mit 24 Pfarrer. Während seines Studiums entdeckt er die Literatur und beginnt sich für die neuen Ideen der Aufklärung zu interessieren. Als er die Ideen Jean-Jacques Rousseaus verteidigt, der einer der wichtigsten Denker seiner Zeit ist und einige Dogmen der Kirche kritisch hinterfragt, wirft man ihn raus. Er geht nach Venedig und wird dort zum Abenteurer! Doch, doch, das ist damals ein Beruf wie jeder andere. 😉

Das heißt, er ist abwechselnd (und manchmal auch gleichzeitig) Spion, Profi-Kartenspieler (der in einer Nacht ein Vermögen gewinnt ... und wieder verliert), Poet (dem das Dichten aufgrund seines Improvisationstalents erstaunlich leicht fällt), König des Bonmots (das damals sehr in Mode ist) und vor allem Verführer. ✿

Er hat eine leidenschaftliche Affäre mit einer gewissen Angela. Eine Affäre, die nach allen Seiten Funken sprüht: Sie lieben sich, sie streiten sich, sie zerfleischen sich, und dann lieben sie sich wieder. Schon anders als bei Mama und Bruno, die zusammen Nachos knabbern und dabei Netflix gucken!

Allerdings kommt Angela aus einer reichen venezianischen Familie, und Lorenzo ist ja Pfarrer: Skandal! 😱 Lorenzo verlässt seine Schöne und flüchtet. Er landet in Wien. Dank seines Sinns für höfische Intrigen, vor allem aber aufgrund seines Talents für die Dichtkunst steigt er schnell zum „kaiserlichen Poeten“ auf. Nichts weniger. Und er spezialisiert sich auf das Schreiben von Opernlibretti – auf Italienisch.

Die beiden Männer mögen sich sehr, sie sind sich sympathisch und beschließen, miteinander zu arbeiten. Wolfi schlägt Da Ponte vor, aus dem Stück *Figaros Hochzeit* von Beaumarchais eine Oper zu machen! Der andere schaut ihn an, schmunzelt und schüttet sich dann aus vor Lachen. Dieser junge Komponist gefällt ihm. Gerade wurde das Stück vom Kaiser verboten, und Wolfi will eine Oper daraus machen: Das ist total verrückt! Das ist Selbstmord! 😮

Natürlich nimmt Da Ponte an.

Nach dem *Barbier von Sevilla,* der in ganz Europa ein großer Erfolg war, hat Beaumarchais mit *Figaros Hochzeit,* der Fortsetzung des Stücks, einen Riesenskandal verursacht. Der König hat die Aufführung verboten;

der Autor ist für eine Weile ins Gefängnis gewandert. Allerdings wird das Stück nach sechs Jahren Kampf mit der Zensur dann doch aufgeführt und ist ein Triumph.

Joseph II. hat die Übersetzung des Stücks verboten, doch trotzdem geht eine deutsche Fassung insgeheim von Hand zu Hand. Mozart hat den Text entdeckt und vieles von dem, was er am *Barbier von Sevilla* liebt, wieder- und sogar besser gefunden. Das Stück ist witzig, es ist ein Meisterwerk. Aber vor allem kritisiert es die Privilegien des Adels, wie es noch niemand zuvor gewagt hat. In ein paar Jahren wird die Französische Revolution ausbrechen, und *Figaros Hochzeit* wird daran nicht unbeteiligt sein. Der Revolutionär Danton wird sagen: „Figaro hat den Adel umgebracht!"

Ein wunderbares Stück voller moderner Ideen – das gefällt Wolfi.

In aller Heimlichkeit beginnt Da Ponte mit dem Libretto und adaptiert Beaumarchais' Werk für die Oper. Wolfi komponiert nach und nach die Musik. Wie immer ist er sehr fordernd, was den Text angeht, und verlangt tausend Änderungen. Doch im Gegensatz zu den anderen Librettisten sträubt sich Da Ponte nicht dagegen, noch mal die Feder zur Hand zu nehmen, wenn es nötig ist. Ständig verbessern sie ihre Arbeit und erschaffen ein vollkommenes Meisterwerk! Jetzt muss es nur noch aufgeführt werden … ☺

Mozart ist, wie wir gesehen haben, nicht gerade begabt darin, den Höfling zu spielen. Da Ponte dagegen kann das bestens. Er erklärt dem Kaiser, das Stück von Beaumarchais sei in der Tat sehr schlecht, was die Ideen angehe, aber eine exzellente Komödie. Wenn man also eine Oper schreiben würde, die ausschließlich den komischen Aspekt hervorhebt, könnte das doch ein Mordsspaß werden. Man stelle sich vor: Ganz Wien biegt sich vor Lachen, aber kein subversiver Gedanke verdirbt einem die Party. Joseph II. kennt das Talent von Beaumarchais und stimmt zu.

Der Kaiser hat sich also beschwatzen lassen. Und als guter Verlierer willigt er ein, dass die Oper aufgeführt wird. Schon werden die ersten Intrigen gesponnen,

denn viele wollen, dass die Premiere der *Hochzeit des Figaro* ein Misserfolg wird!

Erst einmal ist es der Operndirektor selbst, der eine Szene mit einem Bauerntanz verbieten lässt – und zwar unter dem Vorwand, es sei verboten, in einer *Opera buffa* zu tanzen. So war es tatsächlich: Jede Gattung hatte ihre Regeln, und eine Komödie, d.h. eine *Opera buffa,* durfte kein Ballett enthalten. Da Ponte macht einen Bückling: Natürlich werden wir diesen Teil sofort aus der Partitur entfernen. Doch unser Held wartet nur ab, bis Joseph eines Tages bei einer Probe auftaucht. Er nutzt die Gelegenheit und fordert die Akteure zum Tanzen auf, aber ohne die verbotene Musik! Zugegebenermaßen wirkt die Szene etwas lächerlich. Der Kaiser fragt sich: Was soll das? Spaßvogel Wolfi erklärt die Situation. Da die Musik in einer *Opera buffa* verboten ist, hüpfen die Tänzer einfach so über die Bühne, ohne Musik!

Da Ponte hat nicht gelogen: Die schlimmsten Tiraden gegen den Adel fehlen in seinem Libretto, doch die Themen bleiben dieselben – die Zofe, die sich weigert, die Mätresse ihres Herrn zu werden, der Diener, der sich am Herrn rächt, die Bauern, die gegen die Vorrechte der Herrschaft protestieren. Von daher ist die Oper genauso subversiv wie das Stück.

Es wird ein Triumph! Die meisten Stücke müssen zweimal (manchmal dreimal) gespielt werden, bis das Publikum zufrieden ist. In der Folge sind die Zugaben auf kaiserlichen Befehl hin begrenzt, damit die Oper nicht völlig den Rahmen sprengt!

Mozart ist überglücklich und auf dem Gipfel seiner Kunst. ☆ Mit Da Ponte als Texter ist ihm mit der *Hochzeit des Figaro* sein erstes absolutes Meisterwerk im Musiktheater gelungen. Noch heute ist diese Oper eine der meistgespielten der Welt, eine wundervolle Musik für ein leidenschaftliches Stück, eine Hymne an die Liebe und an die Freiheit, die sich alle Nacho-Knabberer dieser Welt dringend anhören sollten. 😉

Wir sind noch nicht fertig mit dem schönen, boshaften, gerissenen und raffinierten Da Ponte, aber du sollst schon mal wissen, dass seine Abenteuer nach der Zusammenarbeit mit Mozart noch nicht vorbei sind. Er hat zu viele Feinde in Wien, also macht er sich neue Feinde in Prag und später in Dresden. Ergebnis: Er verlässt Dresden 1792, geht nach London und versucht, wieder Opern zu schreiben. Aber er wirtschaftet schlecht und begeht einige kleine finanzielle Straftaten. Bagatellen, würde er sagen, aber genug, um aus England zu fliehen. Und da er in Deutschland, Österreich und Italien nicht mehr willkommen ist, lässt er sich in New York nieder.

Dort schreibt er dann nicht mehr, sondern handelt mit Alkohol und Tabak! Er eröffnet sogar eine der ersten Buchhandlungen der USA und wird Dozent für Italienisch an der Columbia University, einer der ältesten und renommiertesten Universitäten der Vereinigten Staaten. Ich sag's ja – der Typ ist Han Solo!

Und das war's für heute! Ich bin Esther, und wir sehen uns bald bei einer neuen Folge von „100% Wolfi". Und bis dahin liebt, verführt, küsst und:

Macht es musikalisch!

Die Tutorials von Pizzicato

Die *Sonatenform*

Dieses Mal ist Pizzicato da! Ich habe ihn mit Kroketten geködert. Heute wird er uns etwas über die Sonatenform erzählen.

— Also zunächst einmal, mein lieber *Maestro* Pizzicato – was genau ist eine musikalische Form?

— *Miau.*

— Ah ja, interessant. Und was ist die Sonatenform?

— *Miau, miau.*

Ich hoffe, das hat euch interessiert. Ein wirklich spannendes Thema. Dann also bis nächste Woche zu einem neuen Tuto …

Man hat nichts verstanden!

Oh, ich habe vergessen zu übersetzen! Also: **die Form in der Musik.** Das ist die Art und Weise, wie die einzelnen Teile in einem Stück angeordnet sind. Die gängigste ist heute die, die in den meisten Liedern vorkommt: Eine Strophe, gefolgt vom Refrain, dann noch eine Strophe, nochmal der Refrain und so weiter. Um das Ganze zu vereinfachen, nennt man die Musik in der Strophe **A** und die im Refrain **B**. Und so erhält man die Form **ABABAB**... und so weiter. Viele Abzählreime haben auch diese Form.

Es gibt viele unterschiedliche Formen, und in der klassischen Musik ist oft für jede Art von Stück eine eigene Form vorgeschrieben. Manchmal hat der letzte Satz (in einer Sinfonie oder einem Quartett) die Form **ABACADAE**, wobei das **A** regelmäßig wiederkehrt. Das nennt man dann ein Rondo. Ein anderes Beispiel ist das Menuett. Es hat die Form **ABA**.

Zu Wolfis Zeiten taucht nun eine neue Form auf: **die Sonatenform**. Mit dieser Form (die etwas komplizierter ist, ihr werdet schon sehen) ist es möglich, lange Stücke zu komponieren, die ① abwechslungsreich sind, d.h. man langweilt sich nicht, und die ② kohärent sind, d.h. man verliert nicht den Faden, sondern hat das Gefühl, die Musik folgt einer inneren Logik. Und weil diese Form ein bisschen mehr Aufmerksamkeit vom Zuhörer verlangt, findet man sie am häufigsten im ersten Satz eines Stücks, denn da kann sich das Publikum noch am besten konzentrieren. So ist es bei der Sonate, nach der diese Form benannt ist, aber auch bei der Sinfonie und beim Streichquartett. Die folgenden Sätze sind „einfacher" zu hören: Der zweite Satz ist zumeist bewegend, der dritte (wenn es ihn gibt) unbeschwert und der vierte virtuos und brillant.

Okay, aber wie sieht diese Sonatenform denn nun genau aus? Um das zu verstehen, müssen wir von der Tonalität sprechen.

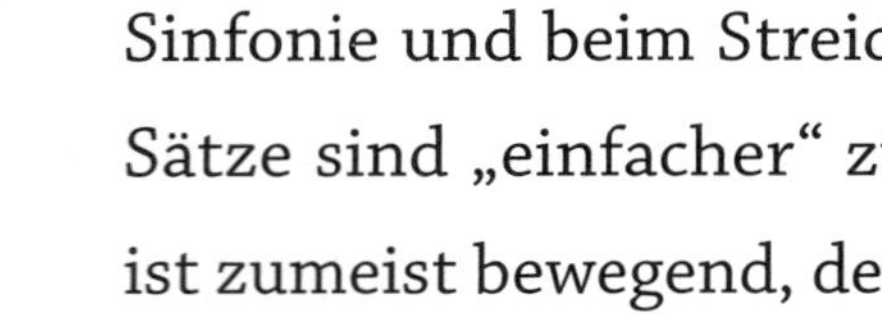

Ich werde es euch ganz einfach machen. Pizzicato hat es mir vollständig erklärt, aber ich fasse zusammen. In der klassischen Musik arbeitet man mit zwölf Noten, aber nicht mit irgendwelchen. Das ist ein bisschen wie beim Satzbau in der Sprache, wenn man die Wörter durcheinanderbringt: Versteht mehr nichts schon man bald. In der Musik ist es genauso.

Wenn man ein Stück schreibt, entscheidet man, welche Note die wichtigste sein soll. Die ist der **König** (Musiker sprechen von der „Tonika"). Der König hat einen **General**, die zweitwichtigste Note (die „Dominante"). Verheiratet ist der König mit der **Königin** (der „Terz"). Außerdem hat er seine **Höflinge** (die anderen Noten der Tonleiter) und sogar einen **Hofnarren** (den „Leitton"). Die ganze Musik ist um den König herum organisiert. Deswegen spricht man auch von einer Sinfonie in F, einem Walzer in E undsoweiter – damit man gleich weiß, welche Note der König ist.

Aber was ist denn da los, wenn mitten im Stück eine andere Note die Macht übernimmt und zum neuen König wird? Das nennt man dann eine Modulation, und das kommt oft vor. Die goldene Regel lautet:

Wenn eine Note zu Beginn des Stücks der König ist, muss sie es auch am Ende wieder sein, aber zwischendurch sind viele Modulationen möglich.

Jetzt, wo du das weißt, kann ich dir die Sonatenform erklären. Da ist zunächst mal ❶ **die Exposition, die zwei Themen umfasst:** das erste mit dem König, der regiert, und das zweite, in dem der General die Macht übernimmt! Die Exposition wird wiederholt, damit der Zuhörer die beiden Themen klar identifizieren kann. Es folgt ❷ **die Durchführung:** König und General führen Krieg gegeneinander, und auch andere Noten wollen die Macht an sich reißen (manchmal schaffen sie es auch, aber nie für lange). Man hört erneut die beiden Themen vom Anfang, aber nur kleine Stücke daraus oder so verändert, dass man sie kaum wiedererkennt. Es ist ein ziemliches Durcheinander! Zum Schluss kommt ❸ **die Reprise:** Der König hat den Krieg gewonnen. Man hört wieder die beiden Themen vom Anfang, aber diesmal beherrscht beide der König. Und endlich ist die Ordnung wiederhergestellt. ☺

Diese neue Form eignet sich bestens für eine Musik, die nicht mehr „malen“, sondern „erzählen“ will. Die Sonatenform ist in sich schon eine Geschichte! Wolfi mit seinem *filo* und der Sonatenform im Gepäck ist nun nicht mehr aufzuhalten.

— Möchtest du noch was hinzufügen, Pizzy?

— 🐾 *Miau.*

— Dann ist ja alles gesagt!

Viva la libertà (Es lebe die Freiheit), Finale von Akt 1 von Don Giovanni

Folge IX

Mit römischen Zahlen geht es auch!

Die russischen … oder doch die tschechischen Berge

Hallo zusammen! Erinnert ihr euch? Wir waren bei der *Hochzeit des Figaro* stehen geblieben. Ein echter Triumph … von kurzer Dauer … von sehr kurzer Dauer … gerade mal neun Vorstellungen.

Warum? Zunächst einmal, weil die Anti-Mozart-Verschwörung alles tut, um den Erfolg der Oper zu mindern. Unter anderem ist **Antonio Salieri** an der Verschwörung beteiligt, Hofkomponist und Chef der italienischen Oper. Voller Neid sieht er dabei zu, wie der talentierte Mozart ihm den Rang abläuft!

Er ist da selbst gerade mit einer neuen Oper fertig, und da macht er eben *Die Hochzeit des Figaro* schlecht, um sein eigenes Werk in ein besseres Licht zu rücken.

Der Kaiser ist nicht begeistert von Da Pontes Streich und unterstützt die Oper nicht sehr. Denn sie richtet sich gegen den Adel, also auch gegen ihn selbst! Viele Wiener Aristokraten lächeln gequält angesichts dieser Komödie, die sich über sie lustig macht, aber sie haben Macht und Geld und sorgen dafür, dass nur wenige Vorstellungen stattfinden.

Zur selben Zeit veröffentlicht Mozart seine sechs Streichquartette, die er Joseph Haydn gewidmet hat. Sicher sechs der innovativsten Musikstücke, die er je geschrieben hat. Sein Freund ist entzückt und gratuliert ihm, doch da ist er so ziemlich der einzige. Selbst die Musiker sind verwirrt. Einige glauben, die Partitur enthalte „Fehler“, so schief klingt es in ihren Ohren. Heute schockiert uns nichts an dieser Musik, doch damals war man dafür noch nicht bereit.

Die Quartette floppen, und *Die Hochzeit des Figaro* ist (trotz des Erfolgs der ersten Aufführungen) letzt-

IN DER FAMILIE „PECH GEHABT“
Ich rufe Antonio Salieri.
Er war ein sehr erfolgreicher Komponist (und hatte in Wien einen besseren Posten als Mozart).
Er lebte zur selben Zeit wie Mozart. Deshalb werden seine Werke heute nur selten gespielt (auch wenn es zum Teil sehr schöne Stücke sind).
AMADEUS
PECH GEHABT
Das ist nicht alles. Der Schriftsteller Puschkin hat 1830 die Novelle „Mozart und Salieri“ geschrieben. Darin geht es darum, dass der italienische Komponist auf Mozarts Talent neidisch ist und ihn umbringt.
Deshalb gilt er heute als eifer-süchtiger Krimineller.
NOCHMAL PECH …
Der Komponist Rimski-Korsakow hat aus der Novelle eine Oper gemacht.
… UND NOCHMAL
Die Oper wurde 1979 von Peter Shaffer zu einem Theaterstück mit dem Titel „Amadeus“ umgearbeitet, das Milos Forman 1984 wiederum als Vorlage für einen Film diente. Noch mehr Pech gehabt. Alles in allem gilt Salieri jetzt seit 200 Jahren als Mörder! Dabei hat er nichts gemacht. Natürlich waren Wolfi und er Konkurrenten. Und natürlich hat er ihm den einen oder anderen Knüppel zwischen die Beine geworfen, damit Mozart ihn nicht zu sehr in den Schatten stellt. Aber das macht aus ihm noch keinen Kriminellen! Man kann sogar sagen, dass er Wolfi und dessen Musik schätzte. Der Beweis: Er verschaffte ihm am Ende seines Lebens Arbeit, und er war auch einer der wenigen, die an seinem Begräbnis teilnahmen!
Bisschen viel „Pech gehabt“!
AMADEUS

lich auch ein Reinfall. Für Wolfi dreht sich der Wind, es kommt kein Geld mehr rein. Er ist ruiniert und seine glänzenden Aussichten gleich mit. Die englischen und irischen Freunde aus seiner Clique müssen in ihre Heimat zurückkehren. **Bam!** Hatzfeld, einer seiner besten Freunde, stirbt. Sie waren gleichaltrig. **Bam!** Und dann stirbt auch noch Leopold. **Bam!** Das Schicksal hat ihm in der letzten Runde drei harte Schläge verpasst: Wolfi wird schwer depressiv.

Glücklicherweise lädt man ihn nach Prag ein, wo *Die Hochzeit des Figaro* endlich einen verdienten Erfolg feiert. Er fährt hin, man empfängt ihn wie einen

Star, man gibt sogar eine neue Oper bei ihm in Auftrag. Erneut arbeitet Wolfi mit Da Ponte zusammen, doch im Gegensatz zum *Figaro* findet diesmal der italienische Abenteurer das Thema: *Don Juan*. Und wiederum im Gegensatz zum *Figaro* ist die Geschichte des Verführers, dem nichts heilig ist (weder die Ehre noch die Tugend, nicht einmal das Leben), kein neues Thema. Seit mehr als einem Jahrhundert haben sich die Opern und Theaterstücke hierzu vervielfacht. Eine der bekanntesten Versionen ist die von **Molière**.

Die beiden Freunde quartieren sich in Prag ein, arbeiten gut zusammen und sind pünktlich mit der Partitur zu *Don Giovanni* (Don Juan auf Italienisch) fertig. Wie immer bleibt ihnen nur eine kurze Frist für ihre Arbeit, und Wolfi schreibt die Ouvertüre in der Nacht vor der Uraufführung. 😮 Doch schon bevor sich der Vorhang hebt, jubelt das Publikum Mozart zu! Nach so einem Auftakt und angesichts der Qualität der Oper (sie ist genauso vollkommen wie der *Figaro)* lässt der Erfolg natürlich nicht lange auf sich warten. 🙂

Nach ihrem Triumph in Prag wollen Lorenzo und Wolfi die Hauptstadt zurückerobern. Doch leider wird die Oper wieder nur ein halber Erfolg in Wien.

Tatsächlich braucht das Publikum eine Weile, um so viele Neuheiten in der Musik und der Erzählung zu verdauen. Wie in der *Hochzeit des Figaro* macht

Mozart sich einen Spaß daraus, die Stimmen miteinander zu verbinden. Man hört Duette, Terzette, Quartette und sogar Oktette und dazu noch den Chor im Finale des ersten Akts! Die Oper ist auch düsterer, als man es bei einer Komödie erwarten würde.

Ohne Zweifel ist Don Giovanni der Böse in der Geschichte, und Don Ottavio, der die Ehre seiner Verlobten wiederherstellen will, der Gute. Ohne Zweifel? Bei Mozart und Da Ponte ist nichts wirklich sicher. Auch wenn Don Giovanni am Ende bestraft wird, bleibt er doch das ganze Stück über eine faszinierende Gestalt. Und Don Ottavio hat so viel Charisma wie ein Chicorée, ich würde sogar sagen ein gekochter Chicorée! Für wen soll man also sein – für den Guten oder für den Bösen? In der Ambivalenz der Figuren liegt letztlich das Genie ihrer beiden Schöpfer.

Darüber hinaus geht es in der Oper um geraubte Küsse und andere Spielereien – etwas frivol! Aber es geht auch um Liebe, Freiheit und Tod. Und das sind wiederum sehr ernste Themen! Ist *Don Giovanni* also eine ernste oder eine komische Oper? Sie ist beides, so wie das Leben manchmal ernst und manchmal komisch ist. Das ist es, was Lorenzo und Wolfi uns sagen wollen: *eine tiefe Botschaft in einer Oper, die ganz leicht daherkommt.* Das hat Klasse!

Für Wolfi ist dieser erneute Reinfall (trotz des Erfolgs in Prag) ein harter Schlag. Er ist pleite, muss WIEDER umziehen (in zehn Jahren in Wien zieht er aufgrund schwankender Einkünfte elfmal um). Jetzt wohnt er in einem Vorort, weit weg von allem! Er kann keine Konzerte mehr veranstalten, und er spielt auch kaum noch. Er leiht sich Geld, das er nie zurückzahlt. Constanze ist krank und Tochter Theresia stirbt. Zum dritten Mal verliert das Paar ein Kind.

Kurz gesagt: Es macht alles keine Freude.

Und doch schreibt Mozart zu dieser Zeit seine schönste Instrumentalmusik: die drei großen Sinfonien, von denen keine zu seinen Lebzeiten aufgeführt wird (*Nr. 39,* die sehr bekannte *Nr. 40* und *Nr. 41),* das *Concerto für Klavier Nr. 26* und die *Sonate für Klavier Nr. 15.* Selbst wenn er ein Divertissement schreibt, also eine leichte Musik für einen Empfang nach dem Essen, kommt dabei so etwas wie das *Divertimento für Streichtrio* (K. 563) heraus, das ich persönlich liebe!

Aber was nützt es, wenn man Meisterwerke schreibt, die keinen interessieren? Wolfi muss neu durchstarten. Er reist nach Preußen, macht Station in Leipzig, wo Bach gelebt hat, und fährt dann nach Berlin, wo man ihn mit sechs neuen Streichquartetten beauftragt. Das ist schon mal gar nicht schlecht, aber aufgrund der hohen Reisekosten kehrt er so arm zurück wie er losgefahren ist. Wieder packt ihn die Verzweiflung.

Bam, bam, bam! Das Schicksal hat wieder zugeschlagen. Immerhin schafft Da Ponte es, dass *Die Hochzeit des Figaro* erneut in Wien aufgeführt wird, und diesmal ist der Erfolg unbestreitbar. Kurz danach gibt der Kaiser eine neue Oper in Auftrag. Doch er möchte weder eine Adelssatire wie den *Figaro* noch eine Farce über den Sinn des Lebens wie *Don Giovanni.* Er will etwas Lustiges, bei dem man nicht zu viele Fragen stellt (die Französische Revolution ist ausgebrochen, und Joseph II. wünscht, dass seine Untertanen an etwas anderes denken als daran, seine Macht anzuzweifeln). Um sicherzugehen, dass Mozart und Da Ponte ihm nicht wieder einen Streich spielen, bestimmt er selbst das Thema. Dabei lässt er sich von einer wahren Begebenheit inspirieren, über die ganz Wien gelacht hat. So entsteht *Così fan tutte.*

Lorenzo und Wolfi haben keine Wahl und stürzen sich in die Arbeit. Sofort wird die noch immer von Salieri angeführte Anti-Mozart-Clique wieder aktiv. Aber wie sollen sie sich diesmal zur Wehr setzen, da das Thema weitaus weniger anspruchsvoll ist als in den beiden vorigen Opern?

Zum ersten Mal arbeiten sie ohne eine Geschichte, die ein Dritter geschrieben hat. Da Ponte entwickelt eine stimmige Handlung und schreibt einen sehr lebendigen Text – seine beste Arbeit als Librettist. Mozart übertrifft sich selbst in seiner Kunst: Noch nie war das Orchester so präsent, und noch nie hat er gewagt, die Stimmen auf so ungewöhnliche Art miteinander zu verbinden. Und selbst wenn es der Geschichte an Tiefe fehlt, so bleibt das zentrale Thema doch die Liebe. Und die hat Wolfi schon immer inspiriert!

Die Premiere findet statt und ist ein Erfolg. Nimm das, Schicksal! Wird es mit Wolfi wieder aufwärts gehen? Wird er sich die Taschen füllen? Seine Schulden begleichen? Wird er 110 Jahre alt werden und die Hauptrolle in *The Fast and the Furious* übernehmen?

Bam! Kaiser Joseph II. stirbt. **Bam!** Die Theater werden wegen Staatstrauer geschlossen. **Bam!** Das war's mit *Così fan tutte*.

Schicksal – Wolfi: 2 : 0.

Diese Folge von „100% Wolfi" endet eher traurig. Zittert, flucht und heult, aber:

Macht es musikalisch!

DIE TUTORIALS VON PIZZICATO

Dritter Satz der Sinfonie Nr. 8127 in f-Irgendwas … Wie funktioniert das mit den Bezeichnungen der Stücke in der klassischen Musik?

Ach, da verliert jeder die Übersicht, vor allem bei Wolfi! Nur Pizzicato findet sich in Mozarts Verzeichnis zurecht. Ja, ein Verzeichnis! So nennt man die Liste der Werke eines Künstlers. Und wir haben Glück, denn endlich ist Pizzy mal greifbar!

„Grrr, miauu, grnxx“? Warte, lass mir Zeit zum Übersetzen. Okay, also damals hat Musik nur eine kurze Haltbarkeitsdauer (wie heute Joghurt). Selten wird ein Stück zweimal gespielt, denn sonst fängt das Publikum an zu meckern. Deshalb ist es nicht wirklich nötig, den Stücken besonders „poetische“

Namen zu geben wie etwa *Sonnenuntergang an der Donau.* Meistens beschränkt man sich auf technische Daten, damit der Zuhörer sich zurechtfindet.

Zuerst kommt die **Art des Stücks** (Concerto, Streichquartett, Messe ...), dann die **Tonalität** (der Grundton) und zuletzt die **Anweisung** Dur oder Moll. Das ergibt dann zum Beispiel: *Serenade in G-Dur.*

Aber das ist noch nicht alles! Manchmal werden die Stücke auch nummeriert. Wenn etwa diese Serenade die dreizehnte ist, die Mozart in seinem Leben geschrieben hat, dann heißt sie *Serenade Nr. 13 in G-Dur.* Sie kann aber zusätzlich noch einen „poetischen" Titel tragen wie etwa *Eine kleine Nachtmusik.* Und dann gibt es da ja auch noch die **Verzeichnisnummer!**

Was ist eine Verzeichnisnummer, Pizzy? Erzähl's uns.

„Vielen Dank für die intelligente Frage, liebe Esther. Stell dir vor: Ein sehr gewissenhafter Typ hat alle Werke, die Mozart je geschrieben hat, vom allerersten (einem *Andante* für Klavier, da war er fünf Jahre alt) bis zum allerletzten (einem Requiem,

Ohne allzu sehr ins Detail zu gehen: Dur oder Moll gibt an, wer die „Königin“ eines Stücks ist. Du erinnerst dich sicher: Die Tonalität ist wie ein Königshof organisiert – mit dem König (Tonika) und dem General (Dominante), der die ganze Zeit die Macht an sich reißen will. Pizzy hat uns das in seinem Tutorial über die Sonatenform ja schon erklärt.
Entschuldigung Pizzy, ich hab vergessen, dass du ohne Brille nicht lesen kannst.
Sagst du uns nochmal, wie das geht?
Die Königin, d.h. die Terz, entscheidet über die Atmosphäre bei Hof. Sehr vereinfacht heißt das: Stücke in Dur sind lebhaft und fröhlich, Stücke in Moll dunkel und traurig. In C-Dur ist das C der König, und das E ist die Königin. In c-moll dagegen ist das C immer noch der König, klar, aber die Königin ist das Es. Der Unterschied sieht winzig aus, aber er ändert alles.
EIN TIPP VON MATTES:
Im Internet findet man jede Menge Videos, in denen ein Stück, das in Dur jeder kennt, in Moll gespielt wird (oder umgekehrt). Der König bleibt derselbe, aber die Königin nicht! Man erkennt das Stück ohne Probleme, aber es klingt nicht wie sonst. Gib einfach mal „in minor key“ oder „in major key“ in die Suchmaschine ein.

da war er 35 Jahre alt), ermittelt und von 1 bis 626 nummeriert. Und da dieser sehr gewissenhafte Typ **Köchel** hieß, schreibt man **KV** vor die Nummer. So trägt zum Beispiel unsere *Serenade Nr. 13 in G-Dur* die Nummer KV 525!

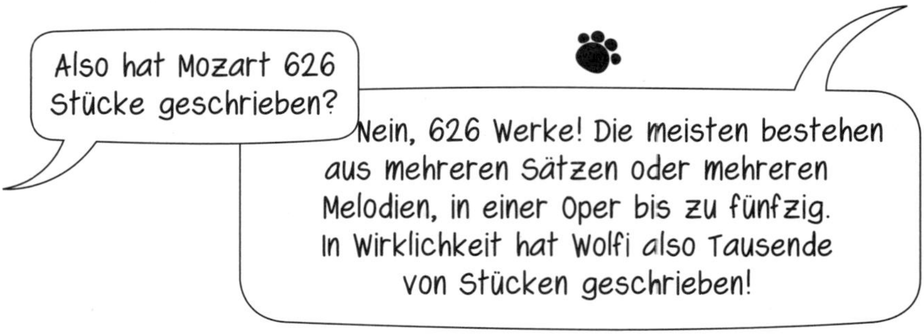

Es gibt noch mehr so gewissenhafte Typen, die dasselbe mit anderen Komponisten getan haben. Vor den Verzeichnisnummern von Johann Sebastian Bach steht zum Beispiel die Abkürzung **BWV**, vor denen von Franz Schubert ein **D** und so weiter. Wenn es so einen Typen nicht gibt, dann meistens deshalb, weil der Komponist gewissenhaft genug war, sein eigenes Werkverzeichnis anzulegen. Und da findet man dann keine Buchstaben, sondern das Wort **„Opus“** (wie etwa bei Beethoven).

Also ich fasse zusammen: *Serenade Nr. 13 in G-Dur, Eine kleine Nachtmusik*, KV 525. Hinter diesem nichtssagenden Namen verbirgt sich eines der bekanntesten Werke von Mozart. Du solltest es dir anhören, es lohnt sich. ☺

🐾 „Ja, aber jeder einzelne Satz hat auch einen Namen! Meistens ein Hinweis auf Italienisch, der das Tempo vorgibt: **Adagio** (langsam), **Andante** (gemäßigt), **Allegro** (schnell)... Manchmal bezieht sich der Name auch auf einen Tanz (**Menuett**), eine Form (**Rondo**) oder eine Eigenschaft (**Scherzo**, was „lustig" oder „unterhaltsam" bedeutet). Ist also vom ersten Satz der *Kleinen Nachtmusik* die Rede, spricht man vom „Allegro der *Serenade Nr. 13*". Und den dritten Satz nennt man „das Menuett der *Serenade Nr. 13*".

Danke, Pizzy – jetzt ist alles klar. Möchtest du noch etwas sagen?

🐾 „Grrr, miauuu ... grnxx ... ksss, ksss!"

Ich hab dich auch lieb, mein Pizzykätzchen.

♡♡

Was machst du denn mit der armen Katze?

Äh ... nichts ... Bis bald beim nächsten Tutorial.

Folge X

Die Zauberflöte

Hallo, liebe Brüder und Schwestern! Ich bin's, Esther, live aus meinem Zimmer. In „100% Wolfi" erzählen wir euch alles über das Leben von Mozart. Ich bin noch total aufgeregt, weil ich gerade in der Oper war! Mama und Bruno hatten mir zum Geburtstag eine Karte für *Die Zauberflöte* geschenkt. Ich sag's euch – das ist ganz was anderes als eine Videoaufnahme!

Die Kulissen, die Kostüme, die Sänger, die ohne Mikro singen … und das Orchester! Ich liebe die Oper! Sie ist die schönste Erfindung der Menschheit, aber auch die **verrückteste**! Die Opern von Mozart mag ich am liebsten – und *Die Zauberflöte* ist meine liebste Mozart-Oper! Ich bin so glücklich!

Sorry, mit mir gehen gerade die Pferde durch. Gehen wir dahin zurück, wo wir stehengeblieben waren: Joseph II. ist gestorben und alles läuft schlecht für

Wolfi. Sogar noch schlimmer als er denkt. Zunächst, weil Da Ponte ohne den Schutz des Kaisers in Wien nur noch Feinde hat. Er muss fliehen und geht nach London. Er schlägt seinem Freund Mozart zwar vor, ihm zu folgen, aber der hat kein Geld für die Reise.

Außerdem ist er nicht gerade in Bestform, mit seiner Gesundheit geht's bergab. ☹ Er hat höllische Kopfschmerzen und verbringt die meiste Zeit mit einem Turban um den Schädel.

Blöder Look!

Aber in einer Zeit, in der es weder Aspirin noch Ibuprofen gibt, tut man, was man kann. Er hofft auf neue Schüler, um zu überleben, findet aber kaum welche. Sechs Monate komponiert er rein gar nichts! Abgesehen von seiner schweren Schaffenskrise in Salzburg hat es ihm noch nie so sehr an Inspiration gefehlt.

Und um dem Ganzen die Krone aufzusetzen (wenn man so sagen darf), ist er noch nicht einmal zur Krönung des neuen Kaisers Leopold II. eingeladen! **Er ist am Ende**, er hat keine Aufträge mehr, er ist nicht mehr modern (und dann auch noch Freimaurer … die hasst der neue Kaiser). Immer wieder leiht er sich Geld und kann es nie zurückzahlen. Seine Freunde schenken ihm sogar Holz, damit er im Winter heizen kann! Die Zeiten, in denen er bei sich zu Hause Bälle veranstalten konnte, sind lange vorbei!

Seine englischen Freunde finden eine Stellung für ihn in England. Aber wie soll er die weite Reise bezahlen?

Ironie des Schicksals: Joseph Haydn ist auch nach London eingeladen, aber er hat das Geld für die Reise. Die beiden Freunde nehmen unter Tränen Abschied und werden sich nie wiedersehen.

Wolfi zieht zu seinem Schüler Franz Xaver Süßmayr, der in seinen letzten Lebensmonaten sein Assistent wird.

Am 4. März gibt er sein letztes öffentliches Konzert, bei dem sein wundervolles *Concerto für Klarinette* erstmals aufgeführt wird. Da bekommt er Besuch

von einem alten Freund, den er zehn Jahre zuvor in Salzburg kennengelernt hat: **Emanuel Schikaneder**. Der betreibt ein Theater in einer Wiener Vorstädte. (Es ist aus Holz und sieht eher wie eine große Blockhütte aus als wie ein majestätisches Gebäude voller Vergoldungen.) Und er möchte, dass Mozart eine Oper komponiert, für die er selbst das Libretto schreiben wird! Keine Oper für die feinen Leute, keine für die Reichen, sondern eine Oper für alle, d.h. für alle Mitmenschen, alle Brüder und Schwestern!

Absolut!

Ja, auch Schikaneder tut manchmal des Guten zu viel. Doch Mozart ist sofort dabei! Sie sind beide Freimaurer und wollen sich von der Freimaurerei inspirieren lassen. Ihre Oper wird eine Hymne auf die Brüderlichkeit sein, und das Licht wird über die Dunkelheit siegen!

Die Oper wird auf Deutsch sein, denn sonst verstehen die einfachen Leute nichts. Mozart ist begeistert: Von einem neuen Singspiel träumt er seit der *Entführung aus dem Serail.* Außerdem werden sie ein ✱Märchen✱ erzählen – mit Hexen, wundersamen Gestalten und magischen Gegenständen, darunter die bewusste Zauberflöte. Denn erstens sind Märchen gerade in Mode, und zweitens verfügt Schikaneders Theater über die nötige Technik, um die Akteure (an einem Seil) durch die Luft fliegen oder (durch eine Falltür) in der Hölle verschwinden zu lassen. Außerdem braucht in einem Märchen die Geschichte nicht logisch und lebensnah zu sein, wodurch sie umso leichter Allgemeingültigkeit erlangt.

Mit aller Energie, die ihm noch bleibt, stürzt sich Mozart von Neuem in die Arbeit. Er fühlt sich sehr allein: Constanze ist zur Kur, Haydn und Da Ponte sind in England, und auch viele seiner anderen Freunde sind weit weg. Mit Leopold hat er sich nicht immer gut verstanden, aber immerhin konnte er mit ihm über seine Musik sprechen. Doch nun, da er tot ist 😱, mit wem soll er jetzt teilen, was ihn in seiner Musikerseele bewegt? Die Arbeit ist schwer, und Schikaneder ist kein so begabter Librettist wie Da Ponte.

Dafür ist der Theaterdirektor um seinen Komponisten besorgt. Damit er nicht allein ist, bietet er ihm ein kleines Zimmer in der Nähe der Bühne an – zwar nicht sehr komfortabel, aber immer noch besser als eine leere Wohnung. Wolfi arbeitet in direkter Nachbarschaft zu den Sängern; die Atmosphäre tut ihm gut. Am Ende bringt er eine supertolle Oper zustande: 😊

Jenseits der etwas an den Haaren herbeigezogenen Story geht es in der *Zauberflöte* darum, dass leider allzu oft das Gute mit dem Bösen verwechselt wird. Die Königin der Nacht erscheint zu Anfang gut, aber sie ist böse! Und bei Sarastro ist es umgekehrt! Wie soll man sich da zurechtfinden? Mozart sagt es uns ganz deutlich: *Man muss ausprobieren, kämpfen und Prüfungen bestehen, um weise zu werden.* Aus Sicht der Aufklärung (und damit der Freimaurer, die den Ideen der Aufklärung anhängen) muss man, um ein besserer Mensch zu werden, Fragen stellen, sich bilden und den Dingen wissenschaftlich auf den Grund gehen.

MATTES

Geht's also in deiner Lieblingsoper im Grunde darum, dass man gut in der Schule sein soll? Das hat der ja geschickt eingefädelt.

Zu Wolfis Zeiten (und auch heute) denken nicht alle Menschen so. Um auf der richtigen Seite zu sein, reicht es vielen, dem zu folgen, was Kirche und Kaiser sagen, denn die repräsentieren ja Gott auf Erden. Mithilfe einer einfachen Symbolik (der Kampf des Tages gegen die Nacht) führen Schikaneder und Mozart in die Philosophie ein. Aber das ist noch nicht alles …

Sie sagen auch, dass Brüderlichkeit unter den Menschen der Weg zur Weisheit ist.

Doch auch das ist noch nicht alles. Wenn Brüderlichkeit zu Weisheit und Frieden führt, führt einzig die Liebe zum Glück! Denn darum geht es bei Wolfi am Ende immer – um Liebe, Liebe, Liebe! ♡♡ Tamino und Pamina heiraten, und auch Papageno findet seine Papagena!

Papageno ist nicht böse, aber er ist auch nicht besonders clever (als die Oper herauskommt, spielt Schikaneder die Rolle). Er hätte gern eine Freundin, aber er kriegt es einfach nicht hin ... Mattes?... Mattes?

— Ja?

— Wenn wir *Die Zauberflöte* hier bei uns aufführen, würdest du dann den Papageno spielen?

— Sehr witzig.

Während Tamino eine Prüfung nach der anderen besteht, scheitert Papageno schon an der ersten! Er ist eben ein kompletter Loser. Aber Wolfi mag ihn, das merkt man. Jede seiner Arien ist wunderschön, und wenn er dann seine Papagena trifft, möchte ich den von euch sehen, der da nicht vor Glück lächeln muss, da gehe ich jede Wette ein! Bei der Szene mit den beiden muss ich immer breit grinsen! Was Wolfi uns damit sagen will, ist, dass auch die einfachen Leute ein Recht auf Glück haben, obwohl sie nicht weise sind. Und sie haben auch das Recht auf Achtung und Respekt, auch wenn sie dumm und lächerlich sind und über keinerlei „Seelengröße" verfügen. Und warum? Na weil sie Menschen sind! Brüder und Schwestern, ist doch klar! ☺

Bei Papageno muss ich immer an Sam Gamdschie denken, Frodos Freund in *Der Herr der Ringe*. Irgendwie ist Sam so eine ähnliche Figur (auch wenn er nicht ganz so ein Klotz am Bein ist). Es gibt übrigens viele Ähnlichkeiten zwischen der Oper von Mozart und dem Roman von Tolkien. ☺

Aber jetzt reden wir mal über die Musik! ♫ ♩ ♪

Keine Oper, noch nicht einmal *Carmen,* enthält so viele Hits! Jede Arie ist besser als die vorige und geht garantiert ins Ohr. Manche Opern sind nur für eine Arie berühmt, aber mindestens ein halbes Dutzend Arien aus der *Zauberflöte* könnten es locker in die Top 50 schaffen.

Da ist erstmal die Arie der Königin der Nacht – ohne jeden Zweifel Wolfis bekannteste Arie. Die Königin der Nacht ist wütend, ϟ ihre Koloraturen klingen nach Zorn und Groll! Und ihre Stimme steigt dabei bis zum hohen F, einem der höchsten Töne, die man einer Sängerin abverlangen kann. Nur außergewöhnliche Stimmen sind dazu überhaupt in der Lage! Das ist nicht nur eine Frage der Virtuosität. Die Königin der Nacht ist eine Hexe, eine Magierin. Sie ist nicht wirklich menschlich, und Wolfi will dies durch die übermenschlich hohen Töne zeigen.

Etwas später betritt Sarastro die Bühne. Der singt sehr tief, erreicht ebenfalls die Grenzen menschlicher Fähigkeiten, aber in der anderen Richtung! Klar, denn er ist ja auch nicht wirklich menschlich, er ist der Gegner der Königin der Nacht (Gegensatz Tag/Nacht, Tief/Hoch).

Und nachdem Wolfi die beiden Gegner eingeführt hat … passiert das Wunder. Dies ist der Moment, in dem er sich als das wunderbarste aller Wunderkinder erweist und **zu einem der größten Künstler wird, die je auf Erden gelebt haben!**

Entschuldigung, ich habe Tränen in den Augen … Ich reiße mich jetzt zusammen. Also – das hier ist sein Geniestreich: Pamina fängt jetzt an zu singen. Ihre Stimme liegt zwischen Plus- und Minuspol und damit zwischen König und Königin. Sie ist voller Menschlichkeit und klingt ganz natürlich. Von den drei Arien ist die der Pamina diejenige, die einen zum Weinen bringt. Die beiden virtuosen Arien vorher **verblüffen** einen, weil sie **spektakulär** sind. Aber diese hier bewegt einen durch ihre schlichte Schönheit.

Neulich in der Oper, während Mama vor Langeweile gähnte und Bruno die Nacho-Stückchen aus seinem Bart knabberte, saß ich in meinem Sessel, die Augen fest auf die 20 Meter entfernte Sängerin gerichtet. Sie stand in ihrem blauen Kleid allein auf der Bühne und sang die schönste Musik, die ich je gehört habe. Und auf einmal dachte ich: Ich bin genau wie sie, nicht mehr und nicht weniger. Ein Mädchen, das sich viele Fragen stellt. Und ich musste an Wolfi denken, der diese Musik vor 200 Jahren komponiert hat – eine so schöne Arie, und dabei war er selbst doch so unglücklich. Es war, als hätte er sie für mich geschrieben. Und genauso ist es auch! Er hat sie für mich geschrieben, für dich, für die ganze Welt, sodass jeder von sich sagen kann: Auch ich bin diese junge Frau, auch ich bin ein menschliches Wesen, gefangen zwischen Tag und Nacht, zwischen Gut und Böse. Und als die Arie vorbei war, dachte ich nur: Danke! Danke, danke, danke Wolfi! 🤩

Das war's für heute. Bis bald bei der letzten Folge von „100% Wolfi". Bis dahin freundet euch an, sympathisiert und fraternisiert euch, aber:

Macht es musikalisch! 🎶

DIE TUTORIALS VON ~~PIZZICATO~~ Bruno

Der *Wolfi*-Stil

Äh … Hallo. Ich bin's, Bruno. Da Esthers Mama beschlossen hat, dass Pizzicato keine Tutorials mehr abhält, mache ich das nun.

LEA

Ich bin gegen Tierquälerei!

Ich bin Esthers Stiefvater, und ich werde euch jungen Leuten heute etwas über den supergenialen Komponisten Wolfram Amadeus Mozart und seinen einzigartigen Stil erzählen … oder „Style", wie die Engländer sagen.

Okay, dann lese ich: „*Wolfis große stilistische Stärke ist seine Einfachheit. Er ist immer darauf bedacht, dass seine Musik einfach zu verstehen ist und schön klingt. Wenn er ein Stück verändert (und es gibt Beispiele für korrigierte Partituren), dann nur, um seine Musik noch weiter zu vereinfachen. Und selbst wenn er ein kompliziertes gelehrtes Stück schreibt, achtet er immer darauf, dass es sich einfach anhört.*

Im Finale von Così fan tutte *kommt zum Beispiel ein Kanon vor. Das heißt, mehrere Stimmen singen dieselbe Melodie versetzt* (Bruder Jakob *ist beispielweise auch ein Kanon). Das ist schwer zu komponieren, aber nur Musiker können das richtig einschätzen. Für alle anderen hört es sich einfach nur gut an.*

Ganz allgemein macht Mozart nie zu viel. Er mag keine Angeberei, und wenn es ihm um einen Effekt geht, nutzt er immer einfache Mittel, um ihn zu erreichen. Er macht sich sogar lustig über die, die zu dick auftragen. Denn er glaubt, dass die, die es in der gelehrten Musik übertreiben, das nur tun, um bei Leuten, die sich nicht auskennen, Eindruck zu schinden. Er selbst ist nie ohne Grund originell, obwohl er zu seiner Zeit als besonders innovativer Komponist gilt."

— Ist das gut so mit dem Lesen? Und geht das mit meinem Bart? Ich habe ihn vor der Aufnahme noch gekämmt, aber weil ich mich etwas bewegt habe ...

— Alles gut, alles gut! Und dein Bart sieht suuuperschön aus! Mach weiter ... 😆

— Okay, wo war ich? Ach ja ...

„Mozart ist auch ein großer Pianist, ohne Zweifel einer der besten seiner Zeit. Aber auch da will er es nicht

übertreiben. Er will den Eindruck vermitteln, das, was er spielt, sei ganz einfach und man brauche sich dabei überhaupt nicht anzustrengen (dabei ist es oft total schwer zu spielen). Er findet Musiker lächerlich, die besonders schnell spielen, als wäre Musik ein Wettrennen (allerdings hielt ihn das nicht davon ab, selbst an musikalischen ‚Gefechten' mit anderen Virtuosen teilzunehmen oder das Publikum dadurch zu beeindrucken, dass er mit verbundenen Augen oder gekreuzten Händen spielte).

Doch obwohl er ein großer Instrumentist ist und in seiner Ausbildung die Instrumentalmusik die Hauptrolle spielte, gilt Mozarts wahre Liebe doch der menschlichen Stimme. In seinen Briefen beschreibt er Menschen oft anhand ihrer Stimmen. Als er sich in Aloisia verliebt, spricht er von nichts anderem als von ihrer herrlichen Stimme. Und genauso verfällt er dem Charme der Sopranistin Nancy Storace, die die Suzanne in der Hochzeit des Figaro *verkörpert.*

Mozart komponiert Stücke in allen Gattungen, aber sein liebstes Betätigungsfeld bleibt die Oper. 36 Jahre hat er gelebt, und in 31 davon hat er komponiert. Und von diesen 31 hat er wiederum in 25 Jahren je mindestens ein Musikstück für die Bühne geschrieben! Mozart ist übrigens einer der wenigen Komponisten, die uns Meisterwerke aller Gattungen hinterlassen haben: Kirchen-, Kammer-, Orchester- und Bühnenmusik. Mozart ist also auf jeden Fall ein WWW!"

— Was soll das denn heißen: WWW? World Wide Web?

— Bruno! Seit Wochen erzähle ich dir von dieser Sendung, ich lasse dich jede Folge anschauen, Ich atme Mozart, ich esse Mozart, und du weißt nicht ...

— Wunderbar wundersames Wunderkind. Ich hab dich auf den Arm genommen ... Okay, okay, ich mach ja schon weiter:

„Es lassen sich auch kaum Parallelen zwischen Mozarts Leben und seinen Kompositionen feststellen. Er schreibt keine beschwingte Musik, wenn er fröhlich ist, und keine melancholische Musik, wenn er traurig ist."

Danke, das war's für heute. Bis bald bei einem neuen Tutorial von Bruno!

— War es okay? Ich könnte noch mehr Gefühl reinbringen, wenn ich von seiner großen Liebe spreche, oder? Wollen wir's nochmal drehen?

— Nicht nötig, du warst perfekt! ☺

Folge XI

Elf, 11, das Letzte, el ultimo!

Ein unvollendetes Requiem, Wolfi tritt von der Bühne ab

Klopf, klopf, klopf ...

So beginnt die elfte Folge von „100% Wolfi“.

Klopf, klopf, klopf ...

So endet alles für unseren Freund Mozart.

Ich heiße Esther, er hieß Amadeus.

Stellt euch vor: Die Nacht bricht über Wien herein. Den ganzen Tag über war es schwül und gewittrig. Es klopft an der Tür. Wolfi ist erschöpft. Eine schlimme

Migräne hat ihn tagsüber gequält, während er an seiner neuen Oper gearbeitet hat, der *Zauberflöte*.

Klopf, klopf, klopf …

Er schleppt sich zur Tür. Ein Unbekannter steht auf der Schwelle, einen Brief in der einen und einen Stoffbeutel in der anderen Hand. Er gibt Mozart den Umschlag, und Wolfi liest die Nachricht, die er enthält: den Auftrag für eine Totenmesse, ein Requiem. Der Auftraggeber möchte anonym bleiben und bietet an, die Hälfte des Honorars im Voraus zu zahlen. Unser hochverschuldeter Held denkt nicht daran abzulehnen. Der Unbekannte übergibt ihm also den Beutel und verschwindet. In der Stille seines Flurs, mit seinem feuchten Turban auf dem Kopf, starrt Wolfi auf das Geld in seiner Hand. Im selben Moment ertönt Donner, und aus den schwarzen Wolken beginnt es in Strömen zu regnen.

Ohne es zu wissen, hat Wolfi gerade einen Pakt mit dem Teufel geschlossen.

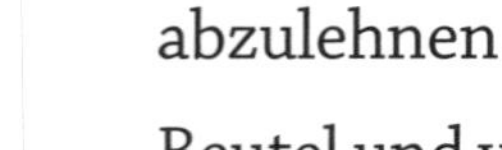

Okay, ich übertreibe … Mit dem Gewitter und so – ich weiß nicht, ob das stimmt. Aber es ist möglich, denn im Juli kann es in Wien schon mal heftig gewittern! Was stimmt, ist, dass ein Unbekannter bei Wolfi ein Requiem in Auftrag gegeben hat. Was auch stimmt, ist, dass diese Totenmesse von Geheimnissen umgeben ist.

Und es gibt noch mehr Legenden … Jeder hat noch was dazu gedichtet, eine Lüge folgte der nächsten, und am Ende waren alle von diesem *Requiem* so begeistert, dass es heute (neben der *Kleinen Nachtmusik)* das meistgespielte Werk Mozarts ist. Und er selbst ist der am meisten gespielte Komponist der Welt! Es gibt über 200 verschiedene Aufnahmen des *Requiems.* Jedes Jahr wird es allein in Deutschland Dutzende Male aufgeführt und Hunderte Male auf der ganzen Welt!

In Wirklichkeit hat Mozart in seinen letzten Lebensmonaten an anderen Werken gearbeitet. Er schrieb sogar noch eine letzte Oper: *La Clemenza di Tito.* Und das in nur drei Wochen! Dem *Requiem* widmete er sich immer nur dann, wenn er gerade Zeit hatte, und er scheint sich viel intensiver um *Die Zauberflöte* gekümmert zu haben als um diese Messe.

Tatsächlich ist er sehr glücklich, dass *Die Zauberflöte* einen solchen Erfolg hat. Während der Premiere fürchtet er schon das Schlimmste. Denn am Ende des ersten

Akts ist der Applaus nur verhalten, und das Publikum scheint irritiert zu sein. Aber nach dem zweiten Akt ist er beruhigt. Das Werk ist ein Triumph! Vor Mozarts Tod wird die Oper noch 23 Mal aufgeführt und erlebt im nächsten Jahr in Wien ihre 100. Vorstellung. Bald wird sie in ganz Europa gespielt. Doch sein größter Erfolg kommt zu spät.

In den letzten Tagen seines Lebens ist Wolfi zu krank, um aufzustehen. Er schaut auf die Uhr in seiner Hand und beginnt in dem Moment, in dem sich im Theater der Vorhang hebt, die Melodien mitzusummen. Er bedauert, dass er die Arie des Papageno nicht noch ein letztes Mal hören kann. Und er ist jetzt auch zu schwach, um sein *Requiem* zu vollenden. In der Nacht des 5. Dezember 1791, einen Monat vor seinem 36. Geburtstag, stirbt Mozart. Ausgelaugt durch jahrelange intensive Arbeit, gequält von ständigen Kopfschmerzen und mehreren schweren Krankheiten, stirbt er an Erschöpfung … und nicht an einer Vergiftung! Mir bricht es das Herz, wenn ich nur daran denke.

Am nächsten Tag wird er nach einer billigen Messe (also ohne Musik) auf einem Friedhof außerhalb Wiens beigesetzt. Nur etwa zehn Personen sind anwesend, darunter **Franz Xaver Süssmayr** (sein Schüler), **Gottfried von Swieten** (der Mann, durch den er Bach kennengelernt hat) und **Antonio Salieri**. Dieser Komponist, der Mozart mehrfach heftig angriff und der in ihm einen Rivalen sah, verehrte dessen Musik. Er hatte ihm zur *Zauberflöte* gratuliert und ihn ohne Zweifel auch gebeten, statt seiner *La Clemenza di Tito* zu schreiben, da er selbst keine Zeit dazu hatte!

Der Leichenzug begleitet den Sarg bis zum Stadttor, aber niemand mag bis zum Friedhof mitgehen, der eine Stunde entfernt liegt. Niemand außer dem Bestatter: Er ist es, der die sterblichen Überreste Mozarts in ein Gemeinschaftsgrab wirft. Kein Kreuz und kein Grabstein weisen auf seine letzte Ruhestätte hin. Immer wenn ich das *Requiem* höre, begleite ich ihn in Gedanken bis zum Schluss. Das bin ich dem armen Wolfi schuldig. ☹

Allerdings ist das Requiem erst zu etwa zwei Dritteln fertig (hierzu gibt es unterschiedliche Meinungen). Wolfi hat mit der Komposition von einigen der rund 15 Stücke zwar begonnen, sie aber nicht beendet. Andere Stücke sind noch nicht einmal entworfen; nur zwei sind fertig. Der mysteriöse Auftraggeber hat bisher nur die Hälfte des Honorars bezahlt, aber Constanze hätte natürlich gern auch die zweite Hälfte. Also bittet sie Süßmayr, das Werk seines Lehrers zu beenden … ohne jemandem etwas davon zu sagen.

Wolfis bekanntestes Werk ist also nicht vollständig von ihm! Unter den Experten führt das zu Streitigkeiten ohne Ende. Auch mehrere andere Komponisten befassen sich mit der Partitur, um einzelne Musikstücke „in Wolfis Sinne“ hinzuzufügen, zu verändern oder zu entfernen. Gar nicht so einfach. Noch im Jahr 2017 hat der letzte von ihnen, der junge französische Komponist **Pierre-Henri Dutron**, eine Neufassung des *Requiems* geschrieben!

Was genau ist eigentlich ein Requiem? Zunächst einmal ein Werk für eine katholische Messe, die zu einem Begräbnis (oder zur Erinnerung an einen Verstorbenen) gelesen wird. Beethoven und Chopin sind übrigens zu Mozarts *Requiem* bestattet worden. Normalerweise wird jedes Teilstück zu einem bestimmten Zeitpunkt während der Messe gespielt. Dazwischen findet die religiöse Zeremonie statt. Heute wird ein Requiem allerdings fast immer als Konzert aufgeführt; die einzelnen Stücke folgen direkt aufeinander (im Fall von Wolfis *Requiem* ergibt das ungefähr eine Stunde Musik).

Zutaten für Mozarts Requiem

- **Vier SolosängerInnen** (zwei Frauen, zwei Männer);
- **Ein kleines Orchester** (ohne Flöte und Oboe, wodurch das Orchester ernster und dumpfer klingt als sonst);
- **Ein in vier Gruppen aufgeteilter Chor** (zwei Frauengruppen und zwei Männergruppen).

Alle sind sich einig, dass das *Requiem* eines der besten Werke ist, die Wolfi je komponiert hat (auch wenn nicht alles von ihm ist): ernsthaft, majestätisch, mal düster, mal voller Licht – davon bleibt niemand unberührt. Denn auch denen, die ansonsten über klassische Musik die Nase rümpfen, bleibt bei diesem Werk vor lauten Gefühlen die Luft weg, und wenn die letzten Noten verklungen sind, stöhnen sie: „Ist das schön!“ 😮 Und das hört sich dann so leer an wie eine Rolle Klopapier, die komplett abgerollt ist.

Wenn du übrigens klassische Musik nicht magst und ich dir EIN EINZIGES Werk von Mozart zum Hören empfehlen sollte, dann wäre es dieses hier! 🙂

Im Jahr 1793, mehr als ein Jahr nach Wolfis Tod, wird in einer 50 Kilometer von Wien entfernten Abtei eine Messe zum Andenken an die Gräfin **Anna Walsegg** gelesen, die zwei Jahre zuvor gestorben ist. Die dabei gespielte Musik ist von einer ergreifenden Kraft, wie man sie bei so einer Gelegenheit noch nie gehört hat. Auf den Notenblättern der Sänger und Musiker steht unterhalb des Titels Requiem in d-Moll: „komponiert von Graf Franz von Walsegg“. Die Anwesenden sind überwältigt von der Qualität des Werks. Wie musste Franz seine Anna geliebt haben, um ihr eine so erhabene Musik zu widmen! Er selbst sitzt in der ersten Reihe und ist fix und fertig vor Kummer.

Doch kaum ist die Messe zu Ende, da macht unter den anwesenden Musikern ein Gerücht die Runde: Der Graf habe schon mehrfach Werke bei professionellen Komponisten in Auftrag gegeben und dann behauptet, sie stammten von ihm. Ohne Zweifel hat jemand anders dieses unglaubliche Requiem geschrieben. Einige denken an Mozart. Wer außer ihm wäre in der Lage, sich eine so bewegende und zugleich gelehrte Komposition auszudenken (die Partitur enthält zahlreiche Kontrapunktpassagen)? **Da ist er, der mysteriöse Auftraggeber!**

Man wird noch lange Zeit sehr viel Unsinn über Wolfi erzählen, dieses Wunderkind, dessen Meisterwerke keine große Leistung darstellen, weil ihm ja angeblich alles zufliegt. Man wird sagen, er sei ein schrecklicher Wüstling gewesen oder, im Gegenteil, ein erwachsenes Kind. Etliche Geschichten ranken sich schon allein um die Umstände seines Todes ...

Noch lange wird man sich darüber streiten, ob Mozart in erster Linie Katholik oder Freimaurer war, ob Leopold sein größter Verbündeter oder sein ärgster Feind war und ob er Constanze nur geheiratet hat, weil Aloisia ihn nicht liebte ...

Alles ganz egal – was zählt, ist einzig der Gesang! Ihr habt euch gerade elf Folgen über Wolfis Leben reingezogen, aber ihr habt dabei nichts Wichtiges gelernt, denn das einzig Wichtige ist seine Musik! Sie zu hören, sie zu genießen, sie zu spielen, sie zu summen!

Ich bin Esther – danke, dass ihr euch auch diese Folge angeschaut habt, in der es um die letzten 5% Wolfi ging. Jetzt wisst ihr alles über den Komponisten Wolfgang Amadeus Mozart. Ihr seid jetzt „100% Wolfi"!

Fallt, liebt, entwerft, baut auf, akzeptiert die Schmerzen, begrüßt die Freuden, transpiriert, vibriert, lebt, aber:

Macht es musikalisch!

DIE TUTORIALS VON ~~PIZZICATO~~ Matteo

Wolfi – der König der Fahrstuhlmusik

— Psst … Psst … Esther?

— Mattes, wir drehen!

— Ich weiß, dass wir drehen, aber das hier ist keine gute Idee. Ich bin doch für die Technik zuständig, für den Schnitt!

— Aber ich darf Pizzy nicht mehr fragen, und Bruno ist beim Barbier, also bleibst nur du!

Okay, okay … Äh … Hallo, ich heiße Matteo, ich bin Esthers Bruder, und ich werde euch jetzt was über Mozarts Nachleben erzählen. Wolfi hat nie für die

Ewigkeit komponiert. Er wäre wohl erstaunt zu hören, dass er heute der meistgespielte Komponist ist!

Mit der *Zauberflöte* steigt sein Ansehen enorm, und schon sehr bald ist er ein Star. Im Gegensatz zu etlichen anderen Komponisten ist er nach seinem Tod nicht erst einmal vergessen worden. Schon in der unmittelbar auf ihn folgenden Musikergeneration hat er echte Fans. **Beethoven** und **Chopin** schreiben Variationen zu Mozart-Themen, **Liszt**

schreibt seine Orchesterwerke für Klavier um, **Tschaikowski** komponiert eine Orchestersuite mit dem Titel *Mozartiana,* die Wolfis Stil nachahmt, und **Richard Wagner** erklärt *Don Giovanni* zur „Oper aller Opern"!

Ein Asteroid wird „Mozartia" genannt, um ihn zu ehren, und auf seinem Leben basieren unzählige Bücher, Filme und sogar ein Musical, die Mozart-Rockoper.

Heute kann man Mozart überall hören: in Kneipen, in Filmen, im Fahrstuhl oder in der Warteschleife am Telefon. Die Band **Evanescence** hat das *Lacrimosa* aus dem *Requiem* neu interpretiert, und sowohl **Nino Ferrer** als auch **Boris Vian** und die Death-Metal-Band **Agressor** haben den *Türkischen Marsch* in ihre Stücke eingebaut. **Vince Guaraldi** und **Bola Sete** haben die *Sinfonie Nr. 40* in einen Bossa Nova umgewandelt, und **Jacques Loussier** spielt Jazz-Versionen der *Klavierkonzerte Nr. 20 und Nr. 23.* Mit Wolfis Werken ist eben alles möglich!

Auch daran erkennt man ein musikalisches Genie!

Noch ein letztes Wort:

Wolfi hat über 600 Werke geschrieben. Welche sollte man sich unbedingt anhören? Du findest natürlich alle im Netz, aber hier ein paar Ratschläge. →

~ Diskografie ~

• **Wir fangen am Ende an:** das *Requiem* KV 626 – ein Muss!

• **Die wichtigsten Opern** *(Die Hochzeit des Figaro* KV 492, *Don Giovanni* KV 527, *Die Zauberflöte* KV 620), zunächst vielleicht die Ouvertüren und ein paar Arien, dann das ganze Werk als Video, wenn man Gefallen dran gefunden hat, und schließlich in einem richtigen Opernhaus – das ist etwas ganz anderes!

• **Die wichtigsten Stücke:** *Türkischer Marsch (Alla turca, Sonate für Klavier Nr. 11,* KV 331), *Eine kleine Nachtmusik (Serenade Nr. 13,* KV 525), die *Sonata facile (Sonate für Klavier Nr. 16,* KV 545), das *Concerto für Klavier Nr. 20* (KV 466), die *Sinfonie Nr. 40* (KV 550) …

• **Kirchenmusik:** die *Große Messe in c-Moll* (KV 427), das *Ave Verum* (KV 618).

• **Sinfonische Musik:** außer der *Nr. 40* die *„Punksinfonie" Nr. 25* (KV 183) und die majestätische *Nr. 41* (KV 551).

• **Concertos:** *Für Klavier Nr. 9* (mein liebstes, KV 271), *Für Flöte und Harfe* (KV 299) und *Für Klarinette* (wundervoller zweiter Satz! KV 622).

• **Klaviermusik:** die *Sonaten Nr. 8* (KV 310), *Nr. 14* (meine liebste, KV 457) und *Nr. 17* (KV 570).

• **Kammermusik:**

– **für Streichinstrumente:** außer der *Kleinen Nachtmusik* das *Dissonanzenquartett* (KV 465), das *Quartett mit Klavier Nr. 2* (KV 493) und das *Divertimento in Es-Dur* (KV 563).

– **für Blasinstrumente:** *La Gran Partita* (KV 361) und *Divertimento Nr. 12* (KV 252).

Die erstaunlichsten Werke: *Adagio und Rondo für Glasharmonika* (KV 617), *Fantasie für eine Orgelwalze* (KV 608) und *Zwölf Variationen über „Ah, vous dirais-je maman"* (KV 265).

CHRONOLOGIE

27. Januar 1756 – Mozart gibt seinen ersten Laut von sich! Es ist ein Fis.

1. September 1761 – Erstes Konzert (als Sänger).

1763–1766 – Europatournee mit langen Aufenthalten in Paris und London.

Mai 1764 – Begegnung mit Johann Christian Bach.

1769–1772 – Drei Reisen nach Italien.

1773 – Begegnung mit Joseph Haydn.

1778 – Langer Aufenthalt in Paris. Tod von Wolfis Mutter Anna Maria.

1781

März – Wolfi lässt sich in Wien nieder.

Mai – Wolfi wird von Fürsterzbischof Colloredo entlassen.

1782

6. Juli – Premiere der *Entführung aus dem Serail.*

4. August – Eheschließung mit Constanze.

14. Dezember 1784 – Wolfi wird Freimaurer.

1. Mai 1786 – Premiere der *Hochzeit des Figaro.*

28. Mai 1787 – Tod von Mozarts Vater Leopold.

29. Oktober 1787 – Premiere von *Don Giovanni* in Prag.

25. Januar 1790 – Premiere von *Cosi fan tutte*.

14. Dezember 1790 – Joseph Haydn reist nach London ab. Er und Mozart nehmen voneinander Abschied.

30. September 1791 – Premiere der *Zauberflöte.*

5. Dezember 1791 – Tod Mozarts.

BILDNACHWEIS

Die Herausgeber danken allen unten genannten Leihgebern für die freundliche Reproduktionsgenehmigung für die Abbildungen in diesem Buch.

©WikimediaCommons :

S. 18: Heinrich Eduard Winter, *Leopold Mozart* [gemeinfrei]; **S. 21:** Pietro Antonio Lorenzoni, *Porträt von Anna Maria Mozart* [gemeinfrei]; **S. 39:** Jean-Étienne Liotard, *Erzherzogin Marie-Antoinette von Österreich, spätere Königin von Frankreich, im Alter von sieben Jahren* [gemeinfrei]; **S. 52:** Thomas Gainsborough, *Porträt von Johann Christian Bach* [gemeinfrei]; **S. 61A:** Unbekannt, *Mozart in Bologna* [gemeinfrei]; **S. 61B:** Joseph Lange, *Mozart am Klavier* [gemeinfrei]; **S. 61C:** Dora Stock, *Porträt von Wolfgang Amadeus Mozart* [gemeinfrei]; **S. 61D:** Barbara Krafft, *Wolfgang Amadeus Mozart* [gemeinfrei]; **S. 66:** Johann M. Greiter, *Hieronymus Graf Colloredo, Fürsterzbischof von Salzburg* [gemeinfrei]; **S. 70:** Thomas Hardy, *Porträt von Joseph Haydn* [gemeinfrei]; **S. 77:** Unbekannt, *Porträt von Aloisia Weber* [gemeinfrei]; **S. 79:** Carmontelle und Lecerf, *Porträt von Friedrich Melchior Grimm* [gemeinfrei]; **S. 116:** Hans Hansen, *Porträt von Constanze Mozart* [gemeinfrei]; **S. 121:** C. Clavereau, *Porträt von Gottfried van Swieten* [gemeinfrei]; **S. 124:** Elias Gottlob Haussmann, *Porträt von Johann Sebastian Bach* [gemeinfrei]; **S. 136:** Joseph Hickel, *Porträt von Kaiser Joseph II.* [gemeinfrei]; **S. 161:** Michele Pekenino nach Nathaniel Rogers, *Porträt von Lorenzo Da Ponte* [gemeinfrei]; **S. 201:** Unbekannt, *Porträt von Emanuel Schikaneder* [gemeinfrei].

Sowie:

© **Bia Bittencourt:** Schriftart „Chez Vous“; © **Krysten Tom:** Schriftart „Swagger“; © **p2pnut:** Schriftart „RM Albion Font“.

ENTDECKT AUSSERDEM:

Hi Freunde, hier ist Lukas! Was fällt euch zu dem Namen ALBERT EINSTEIN ein? Vielleicht $e = mc^2$, Tweedanzüge und ein großer Schnurrbart? Stimmt, aber was sonst? Schließlich nennt man ihn den Typen, der die Wissenschaft und unsere Sicht des Universums revolutioniert hat!
Zum Glück sind wir ja hier, meine Kumpels und ich, um euch mehr dazu zu erzählen.
Mit uns lernt ihr garantiert alles, was man wissen muss über Einstein, seine Entdeckungen und sein Leben!

ISBN 978-3-7415-2495-0
www.ullmannmedien.com